DAS GROSSE BUCKEL-VOLVO-BUCH

Dieter Günther   Walter Wolf

HEEL

IMPRESSUM

HEEL-Verlag GmbH
Hauptstraße 354 · 5330 Königswinter 1
Tel. (0 22 23) 2 30 27

Verantwortlich für den Inhalt: Dr. Dieter Günther / Walter Wolf
— 3. Auflage —

Gesetzt aus der ITC Bookman leicht 11/13
Papier: Nikla Plus, 135 g, 1,3 Vol.

Fotos: Walter Wolf u. a.
Satz: Fotosatz Hoffmann, Hennef
Layout und Lithos: Atelier Frings, Bonn
Gestaltung und Herstellung: Georg Grützner, Bonn
Druck: Cantz, Ostfildern

© Copyright 1990 by HEEL AG, Schindellegi, Schweiz

ISBN 3-89365-220-5

Inhaltsverzeichnis

Kleine Firmenhistorie	9
Der Bucklige aus dem hohen Norden – Geschichte eines ungewöhnlichen Automobils	18
Lebensweg	34
Die einzelnen PV 444-Modelle	37
PV 444 A/AS	37
PV 444 B/BS	40
PV 444 C/CS	44
PV 444 D/DS	45
PV 444 E/ES	47
PV 444 H/HS/Export	49
PV 444 K/KS/Export	54
PV 444 L/LS	56
P 1900: Volvos erster Sportwagen	59
Die einzelnen PV 544-Modelle	69
PV 544 A	69
PV 544 B	72
PV 544 C	73
PV 544 D	76
PV 544 E	77
PV 544 F	80
PV 544 G	84
Buckel Cabrios	85
Prototypen	91
Der Duett	98
Der Buckel in Sonderausführung – Nutzfahrzeuge	114
Elisabeth I und II	119
Der Buckel als Sportgerät	120
Tuning gestern und heute	130
Sonder- und zeittypisches Zubehör	136
Kaufberatung	139
Der Buckel en miniature	142
Tabellen	148

Vorwort

Nicht jedes alte Auto ist ein Oldtimer. Zum Alter muß etwas Zusätzliches kommen: Charakter.

Die Zahl der produzierten oder erhaltenen Exemplare spielt ebenfalls eine untergeordnete Rolle: Im Jahre 1944 stellte Helmer Petterson sein 1:1-Modell des Volvo PV 444 den Firmengründern Assar Gabrielsson und Gunnar Larson vor. 1947 wurde der erste Volvo PV 444 verkauft, und 1965 lief der letzte Buckel-Volvo im Werk Lundby vom Band.

Die Automobilmarke Volvo verdankt dem Buckel viel. Er begründete den guten Ruf der Autos aus Schweden, nach ihm drehten wir uns als Jungen auf der Straße um, und von allen Volvos hat er bis heute die treuesten Freunde.

Zwei dieser Freunde sind Walter Wolf und Dr. Dieter Günther. Sie haben alles Wissenswerte über dieses legendäre Auto zusammengetragen, eine Arbeit, zu der ich ihnen sehr herzlich gratuliere.

An alle Leser dieses Buches habe ich eine Bitte: Schauen Sie sich die Volvos von heute an! Sie sehen natürlich ganz anders als der Buckel-Volvo aus. Aber man ahnt bei ihrem Anblick, daß sie eines fernen Tages von einer Gemeinde begeisterter Oldtimer-Freunde liebevoll gepflegt werden. Denn sie haben eines mit dem Buckel gemeinsam: einen unverwechselbaren Charakter.

Dieter Laxy   Volvo Deutschland GmbH

Kleine Firmenhistorie

Wann die Bezeichnung „Volvo" als Firmenname zum erstenmal auftauchte, läßt sich mit letzter Gewißheit längst nicht mehr bestimmen. Fest steht nur, daß es um das Jahr 1890 herum gewesen sein muß – zu einem Zeitpunkt also, als die „auto-mobile" Welt noch tatsächlich in den ebenso berühmten wie vielzitierten Kinderschuhen steckte.

Natürlich war Volvo damals noch nicht der Name einer neuen Automarke, wohl aber eng mit der Entwicklung der knatternden Benzinkutschen verbunden: Als Handelsbezeichnung für alle Arten von Gleit-, Kugel- und Rollenlagern erschien die lateinische Übersetzung von „ich rolle" seinem Hersteller besonders treffend. Und fand hauptsächlich bei französischen Automobilen reichlich Verwendung, ohne sich aber international durchzusetzen.

Das gelang erst mit einiger Verzögerung.

Assar Gabrielsson

Gustaf Larson

Ein gewisser Sven Wingqvist brachte etwa gleichzeitig etwas anderes ins Rollen – die Schwedische Kugellagerfabrik (SKF) nämlich, die sich rasch zum Weltkonzern mausern sollte, 1907 jenen kleinen Konkurrenten namens Volvo aufkaufte und die so sinnreiche Bezeichnung zunächst mal zu den Akten legte.

Bis 1915, als SKF eine Tochtergesellschaft gründete, die man Volvo taufte.

Aber aus welchen Gründen auch immer verschwand der Name bereits 1919 wieder – um acht Jahre später, 1927, den ersten serienmäßig in Göteborg hergestellten Personenwagen zu schmücken.

Bis dahin war ein weiter Weg, der untrennbar mit zwei Namen verbunden ist: Assar Gabrielsson und Gustaf Larson.

◀ Verschiffung in Göteborg.

Beide Männer hatten einiges gemeinsam: Sie waren beide für SKF tätig, hatten – zumal für die damalige Zeit – eine ungewöhnliche Laufbahn hinter sich und waren überzeugt, daß eine schwedische Automarke ein Erfolg werden würde.

Und sie ergänzten sich hervorragend.

Der 1891 geborene Assar Gabrielsson besuchte nach dem Abitur die Handelsschule in Stockholm und trat nach dem Examen bei SKF in Göteborg ein, wo er rasch Karriere machte. Für seine Firma mehrere Jahre im Ausland tätig, kehrte er 1923 nach Schweden zurück, um den Posten des Verkaufschefs zu übernehmen.

Gustaf Larson ging einen anderen Weg. 1887 geboren, absolvierte er eine Ausbildung bei der „Tekniska Elementarskolan" in Örebro, die er 1911 abschloß und daran anschließend einige Zeit in England bei White & Poppe tätig war.

Wieder in Schweden, schloß er 1917 sein Ingenieur-Studium an der Technischen Hochschule in Stockholm ab und nahm dann ebenfalls eine Stelle bei SKF – allerdings im technischen Bereich – an. Hier blieb er bis 1920 und suchte sich dann eine neue Arbeitsstelle in Stockholm.

Wann sich der Kaufmann Gabrielsson und der Techniker Larson zum ersten Mal trafen, läßt sich heute nicht mehr ermitteln. Fest steht nur, daß eine Zusammenarbeit im August 1924 begann, wobei man unter „Zusammenarbeit" vermutlich in loser Folge stattfindende Treffen verstehen muß, bei denen die Möglichkeiten und Chancen eines schwedischen Auto-Projekts diskutiert wurden.

Offenbar erachteten die beiden Herren die Möglichkeiten als gegeben und die Chancen als gut – jedenfalls wurde im Dezember 1925 eine schriftliche Vereinbarung getroffen, die die künftige Partnerschaft festschrieb und eine „Auto-Produktion in großem Stil" als Ziel festlegte. Sogar bis zu einem bestimmten Termin sollten die ehrgeizigen Pläne verwirklicht sein – die Vereinbarung nannte den 1. Januar 1928.

Sie nahmen die gestellte Aufgabe zügig in Angriff. Ihre Aufgabenverteilung war klar: Der weltgewandte Geschäftsmann Gabrielsson kümmerte sich um alle mit der kaufmännischen Planung zusammenhängenden Fragen, der etwas eigenbrötlerische Larson um die konstruktive Entwicklung.

Rasch zeigte sich, daß Larson besser voran kam als Gabrielsson, dessen Berechnungen selbst Optimisten

Aller Auto Anfang (jedenfalls bei Volvo): der Jakob.

Offiziell hieß dieses Auto Volvo ÖV 4.

schrecken mußten: Würde man die Konstruktion und den Bau einer verhältnismäßig kleinen Serie von Autos in eigener Regie übernehmen, wären die Kosten immens — so groß, daß keine Bank und kein sonstiger Kapitalgeber mitspielen würden.

Also mußte man umdenken.

Das Auto war damals längst auf der Siegesstraße — und viele kleine Unternehmen in allen Industrieländern setzten auf diesen so vielversprechenden Industriezweig. Da aber die wenigsten realisieren konnten, was Gabrielsson und Larson vorhatten (nämlich ein komplettes Auto auf die Räder zu stellen), begnügten sich die meisten dieser Betriebe mit der Fabrikation von Teilen. Stellmacher, die vorher etwa im Kutschbau tätig waren, setzten jetzt auf Auto-Karossen, Fahrrad-Fabriken produzierten mechanische Teile usw. Kurz: Wer wollte, konnte sich sämtliche Bauteile kaufen und so

Ein Prototyp von Jakob, zu erkennen etwa an den Scheibenrädern.

sein eigenes Auto zusammenbauen. Ein Verfahren, dem übrigens zahlreiche „Autoproduzenten" mit mehr oder weniger großem Erfolg huldigten!

Auch Gabrielsson und Larson sahen darin ihre einzige Chance, wollten aber nicht — wie heute im Supermarkt — wahllos ins Regal greifen, sondern gezielt vorgehen: Dem jeweiligen Zulieferer sollten exakte Angaben über die eigenen Wünsche und Ansprüche gegeben werden; anschließend wollte man entscheiden, ob Qualität und Preis des jeweiligen Produkts den eigenen Vorstellungen entsprachen. Nur so würde man einen hohen Qualitäts-Standard erreichen können.

Diese Methode sollte sich bestens bewähren; sie basierte auf dem einfachen Grundgedanken, von der Erfahrung und dem Know-how anderer, auf ein bestimmtes Gebiet spezialisierter Hersteller zu profitieren. Es sei denn, man konnte selbst besser und billiger produzieren. „Der Volvo-Weg, ein Auto zu bauen", ist noch heute ein stehender Begriff!

Aber zurück zum Jahr 1924.

Parallel zu diesen Überlegungen gediehen die technischen Ausführungen. Larson hatte einen Kreis junger Leute gefunden — alles begabte Techniker —, mit denen er die Entwicklung des Wagens vorantrieb. Mit großem Erfolg, denn schon im Juni 1925 waren sämtliche Pläne fertig — und Gabrielsson begab sich auf die Suche nach einem Finanzier.

Und erlebte nichts als Fehlschläge. Viele seiner Gesprächspartner machten Gabrielsson klar, daß sie prinzipiell durchaus in ein solches Projekt investieren wollten — ihnen dies allein aufgrund vorliegender Konstruktionszeichnungen aber viel zu riskant erschien!

Immerhin war dies eine wichtige Information, die Gabrielsson und Larson nach langen Diskussionen zu

Der ÖV 4, wie Jakob offiziell hieß, in typisch schwedischer Landschaft.

dem Ergebnis kommen ließ, es nach dem Motto: „Alles oder Nichts" zu versuchen.

„Alles oder Nichts" bedeutete in ihrem Fall, daß sie sich zum Bau von 10 Prototypen entschlossen — auf eigene Rechnung natürlich!

Ihre Kalkulation zielte darauf ab, daß ihnen die Präsentation fertiger Autos vielleicht doch noch die nötigen Geldmittel einbringen würde. Allerdings mußten diese Autos dann wirklich überzeugend ausfallen!

Also sparte man an nichts, bemühte den bekannten schwedischen Maler Helmer MasOlle als Designer — und fertigte neun offene Tourenwagen und eine Limousine.

Am 19. August 1926 wurden sie den Direktoren von SKF vorgeführt — und brachen das Eis. Beide Parteien unterzeichneten sofort einen Vertrag, aus dem die Aktiebolaget Volvo (Volvo Aktiengesellschaft) hervorging — mit SKF als dem Hauptaktionär.

Das große schwedische Kugellager-Unternehmen stellte aber nicht nur Montagehallen für die Produktion in Hisinge bei Göteborg zur Verfügung, sondern erin-

Wieder der GA-Motor, nur aus anderem Blickwinkel.

nerte sich wieder des schönen Namens „Volvo", auf den man noch alle Rechte hatte und der brachlag.

Nun nicht mehr, denn schon am 14. April 1927 — ein historisches Datum für alle Volvo-Fans! — rollte der erste serienmäßig hergestellte Volvo aus der Fabrik!

Er hieß offiziell ÖV 4, wurde liebevoll Jakob genannt und verfügte über einen 28 PS starken Vierzylinder. Daß man beim ersten Serienauto das Getriebe versehentlich falsch eingebaut hatte und das Auto dadurch drei Rückwärtsgänge, aber nur einen Vorwärtsgang besaß, störte niemand!

Es sollte nicht mal symbolischen Wert haben, denn die junge Firma entwickelte sich alles in allem doch zügig vorwärts. Was nicht zuletzt an der Nutzfahrzeug-Produktion lag, die man forciert betrieb und die tatsächlich viel zur finanziellen Stabilisierung beitrug.

Zur Stabilisierung sollte auch der Export beitragen, der allerdings — was die Personenwagen angeht — zunächst nur zögernd in Gang kam. Immerhin konnte man stolz vermelden, daß 1928 die ersten 20 Volvos in Finnland verkauft wurden! Diese bescheidenen Anfänge sollten zwar bald der Vergangenheit angehören, aber richtig in Schwung kam der Export erst Jahre später.

Revolutionäre Konstruktion: der GA-Motor.

Dafür stiegen schon bald die Verkaufszahlen.

Der offene ÖV 4 (ÖV ist die Abkürzung für „Öppen Vagn", offener Wagen), war zwar robust und gut, für die schlechten schwedischen Straßen und das rauhe Klima aber nicht optimal geeignet. Also stellte man schon wenige Monate nach Anlaufen der Fertigung das Modell PV 4 vor, das sich mit seiner geschlossenen Karosserie sofort viel besser verkaufte.

Stromlinienförmiges Experiment: „Venus Bilo" von Gustaf Ericsson.

Trotzdem: Richtig glücklich war man bei Volvo mit dem Vierzylinder — egal ob in geschlossener oder offener Ausführung — nicht.

Das änderte sich erst 1929, als man mit dem PV 651 den ersten von vielen noch folgenden Sechszylinder-Typen präsentierte (und erst rund 20 Jahre später mit dem PV 444 wieder einen Vierzylinder ins Programm nehmen sollte!).

Dieser PV 651 war wirklich ein vorzügliches Auto: Groß, für damalige Verhältnisse stark — eben sehr „amerikanisch".

Nach dem ebenso eleganten wie fortschrittlich geformten „Carioca" (PV 36) wirkten die Autos der PV-51- bis -56-Baureihen formal überholt.

Von „Venus Bilo" beeinflußt: der PV 36, auch „Carioca" genannt.

Das lag einfach daran, daß US-Autos in Schweden in hohem Ansehen standen und den höchsten Anteil an allen Import-Autos stellten.

Warum, so fragte man sich bei Volvo, sollte man also nicht ein Auto in diesem Stil auf die Räder stellen?

Die folgenden Jahre — und Modelle — zeigten, daß man richtig kalkuliert hatte.

Übrigens konnte man mit Abschluß des Geschäftsjahres 1929 erstmals einen Gewinn — von exakt 1965 Schwedenkronen! — verbuchen.

Offensichtlich war das Konzept, sichere und robuste Autos zu fabrizieren, richtig. Und wenn Volvos auch nicht als technisch avantgardistische Pionierstücke galten, so zeigten die Autos durchaus fortschrittliche Merkmale. Jener sechszylindrige PV 651 etwa war schon damals mit hydraulischen Bremsen ausgerüstet — ein Detail, das bei einem Bugatti erst zehn Jahre später zu finden war!

Die Kunden jedenfalls waren zufrieden — wie auch die Aktionäre, die 1931 erstmalig eine Dividende ausgezahlt bekamen.

Vielleicht war man also gut beraten, allzu fortschrittliche Konstruktionen in der Schublade zu belassen. Obwohl sie das Unternehmen natürlich in die Schlagzeilen der Presse brachten — wie jene viertürige Stromlinien-Limousine, die im Auftrag von Volvo gebaut wurde und bei ihrem Erscheinen — 1933 — wie ein Ding von einem anderen Stern gewirkt haben muß.

Aber die Reaktion auf „Venus Bilo", wie das interessant geformte Vehikel von der Volvo-Zeitschrift „Ratten" (Das Lenkrad) genannt wurde, war gemischt — und es blieb ein Einzelstück.

Wenn auch nicht ohne Konsequenzen: Der 1935 in Serie genommene PV 36, bald nach einem südamerikanischen Modetanz „Carioca" genannt, adaptierte nicht nur einige Stil-Merkmale von „Venus Bilo", sondern verfügte ebenfalls über eine Stromlinien-Karosserie.

Leider verkaufte sich der hochelegante Wagen schlecht — vermutlich weniger, weil er zu teuer, sondern eher zu exotisch war. Jedenfalls strich man ihn 1938 wieder aus dem Programm — nach nur 500 gefertigten Exemplaren.

Noch kühner freilich war jenes Projekt, das ebenfalls 1938 begonnen wurde und unter der Bezeichnung PV 40 lief. Dabei handelte es sich um einen Achtzylinder von 1,6 Liter Hubraum, viertürig, mit selbsttragender Karosserie und Heckmotor!

Allein diese Konzeption war schon eine Sensation, erst recht aber der Motor. Konstruiert von Volvos neuem Chefingenieur E. Olle Sjölin, der zusammen mit seinem Assistenten Carl A. Lindblom erst im März 1938 zu der schwedischen Firma gekommen war, handelte es sich bei diesem Triebwerk um eine wirklich ungewöhnliche Konstruktion: Die acht Zylinder waren sternförmig, paarweise zueinander angeordnet und bekamen von einem Roots-Kompressor zusätzliche Atemluft, dazu war der Motor als Zweitakter (Puch-Typ) ausgelegt!

Man betrieb die Entwicklung dieses GA genannten Motors intensiv und über eine Dauer von 2 Jahren, wobei alles in allem rund 25 GA-Triebwerke getestet wurden; dann allerdings trug man das Projekt zu Grabe. Vor allem Gustaf Larson zweifelte daran, ob der komplizierte und teure Motor hinsichtlich Zuverlässigkeit und „Brauchbarkeit" den hohen Volvo-Standard würde erreichen können.

Aber die Idee, einen kleinen Vierzylinder — eine Art schwedischen „Volkswagen" — zu entwickeln und ins Programm zu nehmen, war geboren.

Sie sollte noch Früchte tragen!

Stromlinien-Eleganz aus Schweden: der PV 36.

Der Bucklige aus dem hohen Norden – Geschichte eines ungewöhnlichen Autos

Man schrieb das Jahr 1943. Im Zweiten Weltkrieg war für die Alliierten die Wende eingetreten und ein Ende des Kriegswahnsinns, wenngleich nicht in greifbarer Nähe, abzusehen. In den Vereinigten Staaten plante man bereits den Wiederaufbau Europas — ob mit oder ohne Deutschland, darüber war man sich noch nicht im Klaren. Im neutralen Schweden hatte der Krieg auch seine Spuren hinterlassen, wenn nicht durch Zerstörung, so doch durch ein Abgeschnittensein vom zusammengebrochenen Welthandel, durch Rationierung fast aller Güter und einen Zustrom von Emigranten. Die schwedische Wirtschaft hatte natürlich auch ihre Pläne für die Umstellung von Kriegs- auf Friedenswirtschaft, — und man rechnete sich gute Chancen aus, am Wiederaufbau der Welt verdienen zu können, schließlich stand ein modernes Industrieland unzerstört bereit, fast alles produzieren zu können. Wirtschaftlicher Erfolg heißt nämlich, das richtige Produkt zum richtigen Zeitpunkt anbieten zu können.

Das wußten natürlich auch die beiden Volvo-Direktoren Assar Gabrielsson und Gunnar Larson, als sie 1943 ein Kleinwagenprojekt starteten. Denn es war damit zu rechnen, daß man — bis die anderen Automobilnationen sich vom Weltkrieg erholt hatten und mit dem Pkw-Export beginnen würden — auf dem schwedischen, ja ganzen skandinavischen Markt, keine Konkurrenz haben würde.

Volvo war bis zum Ausbruch des Zweiten Weltkriegs einer unter vielen kleinen Herstellern. Bis zum Ende der dreißiger Jahre war Volvo eigentlich eher ein Nutzfahrzeugproduzent, bei dem der Ausstoß von kommerziellen Fahrzeugen zahlenmäßig über demjenigen der Personenwagen lag. Nach Kriegsausbruch 1939 wurde deshalb auch bald die Pkw-Produktion fast gänzlich eingestellt und der Nutzfahrzeugsektor bekam Priorität, nicht zuletzt der Bau von Holzgasanlagen, um den Verkehr aufrecht zu erhalten, von Armeefahrzeugen,

Volvo PV 444 A.

Elegantes Paar mit elegantem Auto: PV 444 A.

um im Notfall seine Neutralität verteidigen zu können und der Ersatz von nicht mehr aus dem Ausland lieferbaren Bauteilen durch im eigenen Land hergestellte.

Der neue Kleinwagen sollte indes zur Initialzündung werden und Volvo bis heute zum größten Konzern Skandinaviens machen. Hinzu kam, daß sich in Schweden bereits in den dreißiger Jahren ein markanter Wandel in der sozialen Struktur der wachsenden Industrienation abzuzeichnen begann: die immer stärkere Trennung von Wohnen und Arbeiten. Immer mehr Leute wollten außerhalb der Städte wohnen, in denen sie arbeiteten. Würde man ihnen genügend Kaufkraft geben, würden sie nicht mehr mit dem Bus, sondern mit einem eigenen Individualverkehrsmittel hin und her fahren wollen.

Alles sprach also für einen kleinen praktischen Wagen, der mit den Nachkriegsressourcen sparsam umging, die über Jahre hinweg aufgestauten Konsumbedürf-

Eines der zahlreichen Modelle, die in einem frühen Stadium der Buckel- Entwicklung angefertigt wurden.

nisse befriedigte, zudem noch einen Hauch von lange Jahre entbehrtem Luxus verbreitete und Volvo als Anbieter eine quasi Monopolstellung garantieren sollte.

So ungefähr müssen die Grundüberlegungen ausgesehen haben, die in den beiden Volvo-Chefs Gabrielsson und Larson ab ca. 1942 reiften und 1943 von Helmer Petterson, den sie als Berater angestellt hatten, sozusagen kanalisiert wurden.

An einem dieser typischen skandinavischen Frühjahrstage fuhren Petterson und Gabrielsson von Göteborg nach Skövde, um dort – in Skövdes Mekaniska Verkstäder (wo Volvo seine Motoren produzierte) – sich neue, von Petterson konstruierte Gasentwickler anzusehen. Petterson nutzte die Gelegenheit, um in Ruhe und ungestört seinem Chef seine Vorstellungen des neuen Nachkriegswagens unterbreiten zu können.

„Das klingt sehr interessant", war Gabrielssons Antwort, „laß uns zusammen mit Gustav Larson darüber reden." Und das taten sie auch.

Helmer Petterson war es also, der die Überlegungen zu einem Fahrzeug konkretisierte, wie es für einen Nach-

Erst 1947 konnte mit der Serienfertigung begonnen werden.

Die selbsttragende Karosserie des Buckel.

kriegsmarkt benötigt wurde. Es sollte ein kleiner Wagen werden. Als Ausgangsgröße diente zunächst (wie wenige Jahre später SAAB bzw. Sixten Sason bei seinem SAAB-92-Entwurf) der auf dem schwedischen Vorkriegsmarkt erfolgreichste Kleinwagen, der DKW Meisterklasse; aber es sollte, wie Petterson meinte, keine Seifenkiste – wie der DKW – werden. Sollte er den Namen Volvo tragen, mußte es auch eine grundsolide Konstruktion sein.

Die beiden Volvo-Oberen gaben grünes Licht und schon im Mai 1943 begann Petterson als Leiter des neuen Kleinwagenprojektes seine Sondierungen, und ein Team von Technikern – offiziell mit einem wichtigen Projekt der Landesverteidigung betraut – wurde gebildet.

Der wichtigste Mann in dieser Gruppe war der seit der Gründung 1927 bei Volvo arbeitende Ingenieur Erik Jern. Während der 30er Jahre war er in Göteborg einer der leitenden Ingenieure gewesen und vor allem wegen seiner technischen Kompetenz geschätzt. Er war zu Helmer Petterson die ideale Ergänzung: Während Petterson vieles nach Gefühl und Erfahrung machen wollte, war es Jern, der immer wieder den Rechenschieber zückte und Berechnungen anstellte.

Die beiden nannten ihr Projekt PV 44. Zum einen in Fortführung der Mitte der dreißiger Jahre begonnenen Tradition, denn der geplante Kleinwagen PV 40 mit dem von Olle Sjölin konstruierten Achtzylinder-Zweitakt-Sternmotor mit der Bezeichnung GA im Heck sollte 1940 fertig werden, wurde aber nach Kriegsausbruch aufgegeben. Zum anderen, weil man spätestens für 1944 mit dem Ende des Weltkriegs rechnete, und dann sollte Volvo sofort seinen neuen Kleinwagen präsentieren können.

Eine lange grundsätzliche Diskussion betraf die Motorwahl. Jern und Petterson favorisierten ein Fahrzeug mit Vorderradantrieb, denn schließlich waren die DKWs sowie die letzten und modernsten Vorkriegsmodelle aus Deutschland ebenfalls mit Frontantrieb ausgestattet gewesen. Zudem rechnete man für die Nachkriegszeit mit einer Flut von kleineren Fahrzeugen mit diesem Antriebskonzept. Bei der Motorwahl plante man zunächst, auf den GA-Motor zurückzugreifen, bekam aber nach den ersten Konstruktionsskizzen doch

Bedenken, Sjölins 8-Zylinder-Zweitakt-Sternmotor zu verwenden.

Gustav Larson, der technische Kopf des Führungszweigespanns von Volvo (Assar Gabrielsson stand für die kaufmännische Seite) machte es sich schnell zur Gewohnheit, mindestens einmal pro Woche beim Konstruktionsteam hereinzuschauen, um sich ausgiebigst nach dem Stand der Dinge zu erkundigen. Er war es auch, der das Aus für den Sternmotor bedeutete und die Weichen für einen kleinen Vierzylinder-Reihenmotor stellte. Petterson, ebenso wie Jern, Verfechter der Vorderradantriebslösung, wollte aus seinen Erfahrungen in seinen eigenen Werkstätten heraus den Motor möglichst servicefreundlich machen. Er favorisierte eine liegende Konstruktion, bei der alle zu wartenden Teile obenauf plaziert werden könnten.

Man wandte relativ viel Zeit auf, einen geeigneten Vorderradantrieb zu konstruieren. Aber die Techniker hatten ihre (begründeten) Zweifel, daß sich mit den zur

bestimmte, das neue Fahrzeug solle konventionellen Antrieb und einen Vierzylinder-Reihenmotor besitzen. Das war Ende 1943.

Beim Design der Karosserie ging Petterson auf amerikanische Vorkriegsvorbilder, speziell Pontiac, zurück. Sie sollte aber nicht, wie in den USA üblich, einen separaten Rahmen haben, sondern selbsttragend sein. Da dies Volvos erste selbsttragende Konstruktion war, kaufte man zuerst einen zweitürigen Hanomag 1,3 Liter Typ 13, um an dieser modernsten Vorkriegskarosserie die selbsttragende Bauweise zu studieren, zumal Hanomag ja dafür bekannt war, grundsolide Fahrzeuge zu bauen. Wenn man so will, setzte Volvo letztendlich die Hanomag-Bauweise fort, denn der Typ 13 (nomen est omen), ein dreiviertel Jahr vor Kriegsausbruch erst vorgestellt, sollte Hanomags letzter in Serie produzierter Pkw sein.

Die Karosserie des PV 44 wurde von einem zwanzigköpfigen Team um Edward Lindberg entworfen, einem Ingenieur, der sich einen Großteil seiner Erfahrungen

Hanomag 1,3 l Typ 13, 1938 bis 1941.

Verfügung stehenden Materialien eine genügend robuste und langlebige Kraftübertragung herstellen ließ. Zudem bedeutete der Vorderradantrieb auch ein kaufmännisches Problem: Für einen Standardantrieb konnte man fast alle Teile auf dem freien Markt kaufen, während ein Vorderradantrieb bedeutet hätte, einen enormen zusätzlichen Kapitalaufwand für Spezialmaschinen zur eigenen Herstellung dieser Teile zu betreiben.

Gustav Larson war es, der schließlich allen Überlegungen die entscheidende Richtung gab, indem er einfach

in den USA, speziell bei Studebaker, erworben hatte. Helmer Petterson ließ es sich jedoch nicht nehmen, die Karosserieform selbst zu designen. Schließlich kamen ca. 40 bis 50 Leute zusammen, die an dem neuen Volvo-Projekt arbeiteten: Erik Jern trug zusammen mit Helmer Petterson die Verantwortung für das Gesamtprojekt und er entwickelte auch zusammen mit Gotthard Österberg den neuen Motor. Stig Hallberg mit seinem Team schuf die Kraftübertragung, während Sven Widberg mit seiner zehnköpfigen Truppe für das Fahrwerk stand. Eine weitere Gruppe um Axel Roos kümmerte

In einigen Punkten nicht original, dafür aber mit reichlich zeitgenössischem Zubehör: PV 444 K.

sich um die ersten Prototypkarosserien, die Herstellung der Preßformen und die Vorplanung einer Serienproduktion. Die größte Gruppe der Entwicklungsabteilung aber stellte das Zeichenbüro unter Leitung von Henry Westerberg.

Volvo PV 444 ES ▶

Fast überall wurden Anleihen an amerikanische Fahrzeuge gemacht, was dann nicht mehr verwundert, wenn man weiß, daß sehr viele Schweden, vor allem fast alle Leute aus der Kraftfahrzeugbranche, in den USA gearbeitet hatten und von dort mit den neuesten Ideen zurückgekommen waren.

Die Konstruktion der Vorderachse war eine verkleinerte Abwandlung einer Konstruktion, wie sie z.B. von Plymouth gebaut wurde. Da man davon ausging, daß nach Kriegsende allein die Vereinigten Staaten in der Lage

Dichtes Gedränge, als Volvo 1944 sein neues Modell präsentierte.

sein würden, bald wieder als Lieferant — eben auch für Automobilzubehör — zur Verfügung zu stehen, wurde der Großteil der von Zulieferfirmen angekauften Teile zum Einkauf aus den USA eingeplant, wo — nach Sondierungsgesprächen — natürlich jede Firma Versprechungen machte, um für die Produktionsumstellung von Kriegsmaterial auf zivile Produkte volle Auftragsbücher zu haben.

So stammte die starre Hinterachse von Spicer Corp.; logischerweise übernahm man auch gleich die ganze Aufhängung mit — so wie bei Oldsmobile. Die Bremsanlage kaufte man bei Wagner-Electric fertig vom Regal, so wie sie für Studebaker geliefert wurde. Die Produktionsphilosophie, Komponenten, die man selbst nicht oder nicht in dieser Qualität zu diesem Preis herstellen konnte, von unabhängigen Zulieferern zu kaufen, ist seit der Firmengründung bis heute typisch für Volvo und prägt den Begriff der Produktion nach Volvo-Art.

Für kein anderes Bauteil aber wurde ein solcher Aufwand betrieben wie für das Herz des Fahrzeugs, den Motor. Auch hier drang Petterson auf ein Überdenken der Volvo-Tradtion: „Die Fachleute in der Motorentwicklung wollten unbedingt ein seitengesteuertes Aggregat haben, weil Volvo bis dahin nur seitengesteuerte Motoren gebaut hatte. Damit kannte man sich aus und wollte sich auf kein neues Experimentierfeld wagen." Petterson und Jern setzten schließlich eine moderne kopfgesteuerte Version mit zentraler Nockenwelle durch.

Nach dem intensiven Studium der modernsten Vorkriegskonstruktionen mit hängenden Ventilen von Opel, Hanomag und Fiat (508 C) entstand die B4B-Maschine, ein Motor mit einer Bohrung von 75 mm und einem Hub von 80 mm, was einen Hubraum von 1414 ccm ergibt. Der B4B-Motor war der kleinste bis dahin je von Volvo gebaute Motor, waren doch die Motorkonstruktionen der dreißiger Jahre ausschließlich sechszylindrig gewesen.

Helmer Petterson war lange genug aktiver Motorsportler gewesen, um gegen den eingegangenen Kompromiß

Spezial-Version — zu erkennen u. a. an der sog. „Haubenschwalbe" und den Chromleisten auf den Kotflügeln.

bei der Leistung des Motors zu sein. Seiner Meinung nach waren die Ventile zu klein und die Steuerzeiten zu zahm, aber schließlich einigte man sich darauf, daß Langlebigkeit und Vollgasfestigkeit (was ja für viele andere Motorkonstruktionen bis in die sechziger Jahre hinein ein großer Schwachpunkt war) Vorrang haben sollten. Der spätere B 14-Sportmotor sollte Petterson recht in seiner Ansicht geben, daß das Leistungspotential weitaus höher liege.

Der Kurbeltrieb wies Ähnlichkeiten mit dem Fiat-Motor auf. Die dreifach gelagerte Kurbelwelle, die von der schwedischen „Kanonenschmiede" Bofors in einem Stück gesenkgeschmiedet wurde, war mit vier Gegengewichten versehen und lief in — für den vom Hubraum her kleinen Motor — breiten Lagerschalen: Der Durchmesser der Hauptlager betrug 53,96 mm, während die Pleuellager einen Zapfendurchmesser von 47,6 mm und eine Breite der Lagerschalen von 33 mm besaßen. Als Lagermaterial wurde Weißmetall auf Bleibasis, das auf Stahlband aufgegossen wurde, verwendet. Diese Lagerschalenart besitzt hervorragende Eigenschaften bei der Aufnahme von Fluchtungsfehlern, Schmutzeinbettung und Korrosionsfestigkeit, alles Eigenschaften, die eine hohe Lebensdauer gewährleisten sollten.

Ebenso auf Langlebigkeit hin konstruiert war das Kühlsystem. Die Kurbelwellenriemenscheibe trieb über einen Keilriemen sowohl die Lichtmaschine als auch die kombinierte Wasserpumpen-/Lüfterradkombination an. Von der Pumpe lief ein sog. Verteilerrohr im Zylinderkopf, in dem speziell zu den Sitzen der Auslaßventile konstant Kühlwasser geführt wurde, während der Motorblock nicht zwangsgekühlt, sondern nach dem Thermosyphonsystem von Flüssigkeit durchströmt wurde. Hierdurch erreichte man, daß die Zylinderwände immer relativ warm gehalten wurden, was hohe Laufleistungen garantiert.

Probleme bereiteten die ersten Probemotoren, denn sie gaben alle nach kurzer Zeit ihren Geist wegen Lagerschäden auf. Nach eingehenden Untersuchungen kam man endlich hinter des Rätsels Lösung: Beim Gießen

Großer Augenblick: Der PV 444 wird 1944 in Stockholm der Öffentlichkeit vorgestellt.

des Motorblocks war Gußsand in einer verborgenen Ritze (seitlich von den Bohrungen für die Ventilheber) über alle nachfolgenden Bearbeitungsvorgänge hinweg verblieben und war während des Betriebs erst vom Motoröl ausgewaschen worden, was unweigerlich zum sofortigen Motorexitus führte.

Aber nachdem man erst einmal dahinter gekommen war, stellte sich der B4B-Motor als eine der langlebigsten Konstruktionen heraus, die aufgrund ihrer niedrigen Verdichtung von 6,5:1 problemlos mit 75-oktanigem Benzin auskam und 40 PS bei 4000 U/min leistete.

Probleme bereiteten ansonsten nur der Vergaser von Carter, der eigentlich für die 1,4 Liter Maschine zu groß war (Carter hatte aber keinen kleineren im Programm) und deshalb keinen absolut sauberen Leerlauf lieferte und die elektrische Anlage: Zum Zeitpunkt nämlich, als man sich für eine 6-Volt-Anlage von Bosch entschied, war Deutschland nämlich gerade dabei, einen Weltkrieg

ein richtiges Auto lackierte und es zur großen internen Begutachtung unter freien Himmel stellte.

Gabrielsson und Larson, die alle wichtigen Entscheidungen zusammen trafen, schlenderten ein paarmal in unterschiedlicher Entfernung um das „Fahrzeug" herum und die Entscheidung war mit drei Sätzen abgetan: „Es gefällt mir. Ich glaube, es wird sich gut verkaufen", sagte Gabrielsson, worauf Larson antwortete: „Ich meine, wir sollten es bauen." „Dann laß uns das tun", faßte Gabrielsson als Ergebnis zusammen — und in weniger als zwanzig Minuten hatten sie den für Volvo vielleicht wichtigsten Beschluß gefaßt: Das Projekt PV

Zeitgenössische Reklame für den Buckel.

zu verlieren, und die — schon immer — relativ selbständige schwedische Niederlassung RoBo (= Robert Bosch) wollte keine größeren Versprechungen machen. Als die Serienproduktion anlief, mußte man dann auch auf die englische Auto-Lite-Anlage zurückgreifen.

Schließlich war man so weit gediehen, daß man von dem ganzen Fahrzeug ein 1:1 Modell herstellte, es wie

44 zur Serienreife zu bringen und es in — für Volvo — größerer Stückzahl zu produzieren.

Um dafür auch finanziell gewappnet zu sein, erhöhte man 1943 das Aktienkapital auf 25 Millionen Schwedische Kronen.

1944 begann man mit der Teileherstellung für die Nullserie. Man hatte sich ja selbst unter Zeitdruck gesetzt, indem das neue Modell im gleichen Jahr der Öffentlich-

Schöner Rücken? PV 444 A von hinten.

keit präsentiert werden sollte. Schließlich schaffte man es doch noch, bis zum September 1944 ein Fahrzeug in aller Hast zusammenzubauen, das zusammen mit der „alten Neuheit", dem großen Vorkriegsmodell PV 60, das man inzwischen zur Serienreife gebracht hatte, in der Königlichen Tennishalle in Stockholm gezeigt werden sollte. Die Sensation war aber das Modell PV 444 — wie es endgültig bezeichnet wurde. Schließlich war Volvo 1944 der einzige Automobilhersteller der ganzen Welt, der neue Modelle der Öffentlichkeit vorstellte. Daher auch die Bezeichnung PV 444 (= personvagn = Pkw 4sitzig des Modelljahres '44).

Schöne Dame mit A-Modell — dessen Rückleuchten offensichtlich noch aus der Vorserie stammen.

Gabrielsson und Larson legten Wert darauf, daß alle Volvo-Beschäftigten bei diesem spannenden Ereignis zugegen sein konnten, weshalb ganz einfach zwei Sonderzüge gechartert wurden, die alle Werksangehörigen mitsamt ihren Familien nach Stockholm brachten.

Bei den Vorbereitungen war man in Zeitnot geraten. Das in Stockholm gezeigte Fahrzeug, ein schwarzes Sedanmodell, war alles andere als fertig, geschweige denn, daß es aus eigener Kraft auch nur einen einzigen Meter zurückgelegt hatte.

Am Abend bevor die Ausstellung in Stockholm öffnete, gab man den Preis bekannt: 4800 Kronen, ein attraktiv niedriger Preis. Entsprechend war in den nächsten Tagen das Fahrzeug umlagert und gefragt. Das Ausstellungsfahrzeug konnte von allen Besuchern eingehend untersucht werden, da es zu ebener Erde ausgestellt worden war.

Jetzt rächte sich, daß man eine „Fast-Attrappe" hingestellt hatte: Da das Modell 444 als Zweitürer relativ große Türen hatte, die während der Ausstellung einem wirklichen Härtetest von den Besuchern unterzogen wurden, denn jeder wollte probesitzen, die Türen und Hauben usw. probieren, mußten die Volvo-Mannen Abend für Abend die A-Säule des Ausstellungsstückes richten, da die schweren Türen diese im Verbund mit Dauerbewegung ganz schön streßten.

Dem Publikum mußte es aber gefallen haben, denn 2300 Kaufverträge wurden abgeschlossen und der Erfolg schien gesichert.

Aber bereits wenige Monate später brach der ganze Optimismus wie ein Kartenhaus zusammen: Die Serienproduktion mußte ausgesetzt werden, zum Teil wegen eines Streiks der Metallverarbeitenden Industrie in Schweden, der von Februar bis Juni 1945 ging, zum größeren Teil aber wegen des enormen Rohstoffmangels nach Kriegsende.

Statt dessen ging die Erprobung weiter: Bis März 1945 konnte das Stockholmer Ausstellungsstück sogar aus eigener Kraft fahren und bis zum Jahresende waren zwei weitere Prototypen fertiggestellt und rollten auf Schwedens Straßen, denn schließlich leitet sich der Firmenname vom lateinischen volvere = rollen her.

Für die Fahrer beim Testprogramm kam der Name Volvo aber von 24-Stunden-Rennen, denn das Testprogramm umfaßte einen 24-Stunden-Tag, Tag für Tag, Woche für Woche. Einmal pro Woche wurden die Fahrzeuge genauestens inspiziert.

Und erst bei diesen Strapazen merkte man, welch eine Perle von Automobil man geschaffen hatte. Schließlich hatte man den allergrößten Wert auf eine verwindungssteife Karosserie gelegt und war nach dem Motto fifty-fifty verfahren, d.h. man stellte Berechnungen an und gab dann noch — sozusagen als Toleranz, denn mit der

Buckel-Produktion — hier schon das Modell mit einteiliger Heckscheibe.

neuen Bauweise der selbsttragenden Karosserie war man sich doch nicht 100 % sicher — die Hälfte dazu (vielleicht liegt hier das Geheimnis der Sicherheit aus Schwedenstahl).

Der Buckel als Lotterie-Gewinn.

Jedenfalls wollte man die „Arbeit" der Rohkarosserie erst einmal im Stand untersuchen und baute dazu diverse „Folterinstrumente". Hierzu wurde die Karosserie auf einen massiven Stahlrahmen aufgeschraubt. Als Befestigungspunkte dienten hinten die oberen Haltepunkte für die Schraubenfedern und ein Mittelpunkt etwa unter dem Getriebe. Vorn wurde statt der Vorderachse ein überlanges Stahlrohr an die Längsträger montiert. Um die Verwindungen und das In-Sich-Arbeiten der Karosserie zu untersuchen, wurde ein Freiwilliger dazu abkommandiert, auf diesem Stahlrohr als Hebelarm herumzuhüpfen, um so zu versuchen, den gesamten Vorderbau zu verdrehen, während Ingenieure untersuchten, wie sich hierbei die Türen öffnen und schließen ließen, wie die Scheiben in ihren Rahmen sich eventuell verschoben, ob es an den Schweißpunkten Ermüdungserscheinungen geben würde usw. Aber nichts von alledem war der Fall.

Die Vorarbeiten machten sich bezahlt. Denn als die ersten Fahrzeuge fuhren, merkten die Leute von Volvo, was für ein Auto sie gebaut hatten. Unter den Leuten, die sich bei den Testfahrten als besonders harte und kritische Prüfer hervortaten, war natürlich Helmer Petterson. Er war während der ersten Testphase fast immer dabei. Und genau da zeigten sich auch die ersten Schwachpunkte. Aber schließlich wollte man ja ein Automobil ohne Kinderkrankheiten auf den Markt bringen. Die Kupplungsglocke war zu schwach, sodaß die Versteifungen für die Befestigungsgewinde ausbrachen; die Dreieckslenker der Vorderachse hatte man für die schwedischen „Straßen" unterdimensioniert und mußte sie verstärken; ein weiteres großes Problem war, daß die Kupplung immer anfing zu rasseln und Abhilfe erst nach einem Besuch bei Borg & Beck in Chicago durch veränderte Federn im Automaten gelang.

1946 liefen alle Fahrzeuge der Vorserie nach kleineren Kinderkrankheiten einwandfrei und die konkrete Planungsphase für die Serienproduktion begann. Diese Aufgabe übernahm Karl Lindblom, ein schwedisch-amerikanischer Ingenieur. Seine Hauptarbeit bestand in der Koordination und den Vertragsabschlüssen mit den Zulieferfirmen über solche Teile wie Bremsen, Gelenkwellen, Vergaser usw.

Das größte Problem aber stellte der Import von tiefgezogenem Karosserieblech dar. Nach dem Ende des Zweiten Weltkrieges gab es überhaupt nur ein Land, das solches Blech in ausreichender Menge produzieren und auch exportieren konnte: die Vereinigten Staaten. Weltweit standen die Abnehmer Schlange. Deshalb wollte kein amerikanisches Stahlwerk einem für sie unbekannten Hersteller — und wie man meinte — am Ende der Welt auch nur eine Tafel ihres begehrten Bleches liefern. Zu guter Letzt half nur, daß Lindblom einen PV 444 — den man extra dafür hellgrün lackierte — in die USA mitnahm und damit bei den Stahlbossen und anderen Zulieferern vorfuhr, was diese so beeindruckte, daß 1947 mit der Serienproduktion begonnen werden konnte.

Die ersten zehn Fahrzeuge der Vorserie wurden im Januar gebaut, hauptsächlich zum Aufbau des Fließbandes und zur Einarbeitung. Im Februar lief die Produktion in Serie an. Die ersten 2300 Fahrzeuge verkaufte man jedoch mit Verlust. Es waren jene zum „Einstandspreis" von 4800 Kronen, während ab 1947 der normale Verkaufspreis auf über 8000 Kronen gestiegen war, was aber der Nachfrage keinen Abbruch tat. Ende der vierziger Jahre war ein PV 444 eines der am meisten gefragten Fahrzeuge in Skandinavien. Kaufverträge wurden in Schweden mit einem Aufschlag von 100 % gehandelt. Um keinen Schwarzmarkt aufkommen zu lassen, fuhr man die Produktion entsprechend hoch.

1947: 1920 Fahrzeuge
1948: 2176 Fahrzeuge
1949: 3615 Fahrzeuge
1950: 4782 Fahrzeuge.

Die erste Serie, die im Nachhinein als A-Modell bezeichnet wurde und wovon 8000 Fahrzeuge geplant waren, wurde 1949 auf 12 000 Einheiten erweitert und 1950

B 4 B-Motor.

durch ein Sondermodell mit Luxusausstattung (AS) aufgewertet. Während die Standard A-Modelle (wie alle Standards der 444-Baureihe) Henry Fords alter Weisheit folgend in jeglicher Farbe lieferbar waren, solange diese schwarz ist, bekamen die Spezial-Modelle Sonderfarben: taubengrau (AS bis ES), kirschrot (DS-KS), rivierablau (KS-LS), um nur einige zu nennen. Die Spezialmodelle unterschieden sich von den Standardmodellen hauptsächlich in ihrem äußeren Erscheinungsbild: andere Stoßstangen, Zierleisten aus rostfreiem Material auch an den Kotflügeln, Felgenzierringe, auf der Haube thronte das Volvo-Symbol, die Schwalbe, und auf der Seite sog. Haubenheber, wiederum in Schwalbenform.

Als auch 1950 die Nachfrage unvermindert groß war, entschloß man sich in Göteborg zum B-Modell. Dessen auffälligstes Merkmal ist der „Kuckuck" auf dem Dach. Die Fahrtrichtungsanzeige wurde in einem T-förmigen Aufsatz in der Dachmitte zusammengefaßt. Da die Blinker links-rechts so kaum 30 cm voneinander entfernt sind, folglich nachts die Abbiegerichtung nicht identifizierbar ist, besaß der Kuckuck in seiner Mitte eine blaue Lampe, die es so anderen Verkehrsteilnehmern ermöglichen sollte, die Absichten des PV 444-Fahrers eindeutig zu erkennen. Den Kuckuck gab es bis zum 1.1.1953, als ein Gesetz den Weiterbau verbot.

Neu am B-Modell waren die Stoßstangen (dreigeteilt mit Hörnern) und ein neues Armaturenbrett, das dann bis zum 444-Produktionsende beibehalten wurde: Der runde Tachometer saß nun direkt vor dem Fahrer, eingerahmt von vier eckigen Anzeigen für Tank, Ampere, Wassertemperatur und Öldruck.

Durch den Wiederaufbau Europas konnten Anfang der fünfziger Jahre auch europäische Zulieferfirmen wieder die Produktion aufnehmen, und Volvo begann, amerikanische Komponenten durch hauptsächlich britische und deutsche zu ersetzen. So lösten die englischen Zenith-Vergaser die amerikanischen Carter (ab Modell E/ES) ab und Bosch ersetzte als Lieferant für Lichtmaschine (ab D/DS), Anlasser (ab E/ES) und Zündanlage (ab H/HS) Auto-Lite.

B 16 A-Motor.

1954, bei einem USA-Besuch von Assar Gabrielson entstanden die Pläne zum Export nach Übersee, und zwar nicht nur für die 444-Serie, sondern auch für den neuen, noch geheimen P 1200 (Amazon). Als Zugeständnis an den „Großmarkt" USA wurden mehrere weitere Verbesserungen vorgenommen: ganze Heck-

Besonderes Kennzeichen des A-Modells war die symmetrische Anordnung des Instrumententrägers.

scheibe und vergrößerter Kofferraum beim H/HS-Modell und eine Leistungssteigerung der B 4 B-Maschine (in der Realität jedoch eher auf dem Papier) von 44 auf 51 SAE-PS und neuem Kühlergrill (beim K/KS-Modell) sowie ein spezieller Exportmotor mit 70 PS mit der Bezeichnung B 14 A.

Das Spezialmodell California war rein für den US-Markt gedacht: weiße Karosserie, schwarzes (statt graues) Lenkrad, sonnengelbe Innenausstattung und die berühmte B 14 A-Maschine, bestückt mit zwei winzig kleinen SU HS 2-Vergasern, die den 444 zu einer Höchstgeschwindigkeit von über 140 km/h beflügelten. Für seine Zeit war der B 14 A-Motor ein Hochleistungstriebwerk, das aus 1414 ccm 70 SAE-PS herausholte und das ursprünglich für den nur in 67 Exemplaren auf Basis des PV 444 gebauten P 1900 Sportwagen mit Kunststoffkarosserie gedacht war.

Als 1956 auf dem Londoner Autosalon das Modell „Amazon" vorgestellt wurde, sahen viele das Ende des Buckel-Volvo gekommen, zumal als das L/LS-Modell den neuen Amazon-Motor (B 16) erhielt und sich damit — speziell mit dem Sportmotor B 16 B — zu neuen ungeahnten Fahrleistungen aufschwang. Und so urteilte denn auch die Fachpresse: „Noch nie war mir ein serienmäßiges Fahrzeug in die Hände gefallen, dessen Fahrleistungen in solchem frappanten Widerspruch zu seinem biederen, ja altmodischen Aussehen (...) standen." (Paul Frère in AMS).

Ab August 1958 wurde das Modell PV 544 produziert — nichts anderes als ein überarbeitetes und aufgewertetes 444-Modell — und das Erstaunen in der Fachwelt war noch größer, denn es erschien sehr unlogisch, ein bereits seit 14 Jahren produziertes und reichlich aus der Mode gekommenes Fahrzeug modernisiert weiterzubauen. Die Verkaufszahlen widerlegten alle Einwände und gaben dem Nachfolger von Assar Gabrielson, Gunnar Engelau, recht. Fast 100 000 Fahrzeuge des neuen PV 544 A Modells fanden in knapp 2 Jahren ihre Käufer (rund 20 % davon in den USA).

Der Erfolg kommt auf Touren: Gunnar Engellau am 11.1.1960, als der 50 000. Buckel in die USA verladen wird.

Der Übergang vom PV 444 zum PV 544 brachte die meisten der weit über 6000 Detailänderungen von 1944 bis 1965 mit sich: ungeteilte, gewölbte Panorama-Frontscheibe und vergrößerte Heckscheibe verbesserten die Rundumsicht. Die völlig neue Inneneinrichtung ermöglichte die 5 (für fünfsitzig) in der Modellbezeichnung: Die Armlehnen der Rücksitze wurden in die Karosserieseiten integriert. Das neue Armaturenbrettdesign leitete sich vom Amazon her: wattierte, kunststoffüberzogene Auflage und Bandtachometer.

Begeisterung aber löste aus, daß nun endlich auch in Schweden der sog. Amerikamotor (B 16 B mit 1600 ccm) mit 85-SAE-PS erhältlich war. Daß dieser Motor, mit dem der Grundstock zu den vielen Rallye-Erfolgen gelegt wurde, vorher nur außerhalb Schwedens erhältlich war, hatte hauptsächlich zwei Gründe. Zum einen hielt Gabrielsson nichts vom Motorsport und zum anderen war es die amerikanische Einfuhrzollbestimmung, nach der sich der Zollsatz nach der stärksten im Produktionsland lieferbaren Motorversion richtete. Und endlich gab es auch ein vollsynchronisiertes Vierganggetriebe. Des weiteren gab es nun das Modell 544 in vier verschiedenen Ausführungen: Standard, Special I (mit Dreiganggetriebe) und Special II und Sport (mit Vierganggetriebe).

1961 wurden noch einmal größere technische Änderungen vorgenommen. Einheitlich wurden nun PV 544, Amazon und der neue Sportwagen P 1800 mit der neuen B 18-Maschine mit 1800 ccm und fünffach gelagerter Kurbelwelle, die eigentlich schon zwei Liter Hubraum haben sollte (was aber erst 1968 mit dem B 20-Motor, ein aufgebohrter B 18, geschah), versehen und auf eine 12-Volt-Anlage umgestellt. Für den Buckel war der B 18-Motor in zwei Ausführungen lieferbar: B 18 A mit 75 PS und B 18 D für das Sportmodell mit 90 SAE-PS (beim G-Modell auf 95 angehoben). So verbrachte der mittlerweile arg in die Jahre gekommene PV 544 seine letzte Produktionszeit ohne größere Änderungen (544 C bis G) bis zu jenem 20. Oktober 1965, als das letzte Fahrzeug vom Band lief.

Die Produktionseinstellung wurde von Volvo offiziell mit der großen Nachfrage nach dem Amazon begründet, die eben nur durch die Konzentration auf den Bau eines Fahrzeugs befriedigt werden konnte. Was im Oktober 1965 natürlich noch geheim gehalten wurde, war, daß Volvo seit 1961 an einem neuen Projekt arbeitete. Und 1965 wurden auf Schwedens Straßen schon die Prototypen dieses neuen Fahrzeugs, getarnt als Mazuo ZT 92, getestet, das im August des Folgejahres der Öffentlichkeit als 140er Serie vorgestellt wurde. Volvo wollte und konnte sich nicht die parallele Produktion von vier Modellen (544, Amazon, P 1800 und 140er Serie) leisten.

So trat der Bucklige aus Schwedenstahl ungeschlagen ab, und am 20. Oktober 1965 um 15.00 Uhr ging eine Epoche zu Ende und die Legende begann, die Legende von einem Fahrzeug, dessen Robustheit und Zuverlässigkeit unübertroffen war, ist und blieb. Der letzte Buckel-Volvo war im Volvo-Werk Lundby vom Band gerollt, 21 Jahre nachdem Volvo noch während des Zweiten Weltkrieges, 1944, in Stockholm zum ersten Mal das Modell PV 444 in der Königlichen Tennishalle der Öffentlichkeit vorgestellt hatte. Der letzte PV 544 mit der Fahrgestellnummer 440 000 ist ein schwarzes Sport-Modell mit 95 SAE-PS und steht heute im Volvo-Werksmuseum in Göteborg. Von allen hergestellten Fahrzeugen gingen 160 000 in den Export, während 280 000 in Schweden verkauft wurden.

Die PV 444/544-Serie war für Volvo ihr bis dahin größter Verkaufserfolg und übertraf alle — auch die optimistischsten — Erwartungen bei der Produktionsaufnahme bei weitem: Der PV war in den fünfziger und in der ersten Hälfte der sechziger Jahre zu einem der größten Exportschlager geworden und hatte während dieser Zeit Schweden mehr als 1 000 000 000 Kronen eingebracht. Mit diesem Modell gelang es Volvo, auf dem amerikanischen Markt, der bis heute der größte Exportmarkt und auf dem Volvo der größte europäische Anbieter ist, Fuß zu fassen.

Bei der Abdankung des Buckligen, die zu einer Feier wurde, waren viele anwesend, die die Geschichte dieses legendären Wagens prägten. Der letzte wurde vom selben Mann vom Band gefahren, der auch den ersten zur Endkontrolle in Empfang genommen hatte, von dem Testingenieur Nils Wickström. Unter den Ehrengästen befanden sich Gustav Larson, einer der beiden Gründer von Volvo, und Helmer Petterson, der Vater der PV 444/544-Baureihe.

„Leb wohl, alter Freund, Krone unter den Automobilen" — die letzte Karosserie wird bunt geschmückt verabschiedet.

Endstation: Der letzte Buckel rollt vom Band.

Lebensweg

Helmer Petterson, Jahrgang 1901, starb am 2. August 1980 im Alter von 79 Jahren. Mit ihm wurde der Vater der gesamten Buckel-Volvo-Reihe zu Grabe getragen.

Helmer Petterson bei der Arbeit.

Helmer Petterson war Mitte der zwanziger Jahre in die USA ausgewandert, um dort — wie viele Schweden vor ihm — sein Glück zu machen. Als begabter Mechaniker und Techniker fand er bald einen Job bei der Motorradfabrik Excelsior in Chicago, wo er alsbald die Rennabteilung leitete. Nebenbei arbeitete er noch als Fahrlehrer für die amerikanische Polizei, die begonnen hatte, in großem Stil Motorradstreifen einzusetzen.

Während seiner Zeit in Amerika nahm Helmer Petterson selbst an vielen Motorradrennen teil und fuhr auch selbst mit dem Motorrad viele Weltrekorde, die meisten davon nach seiner Rückkehr nach Schweden 1928 bei Eisbahnrennen.

In seinem Heimatland übernahm er zunächst eine General-Motors-Vertretung, um später auf Ford — der erfolgreichsten amerikanischen Marke in Schweden — zu wechseln. Nebenbei machte er sich einen Namen als Konstrukteur. Ende der dreißiger Jahre begann er, sich für Holzgasanlagen zu interessieren, weshalb er von Volvo 1942 angestellt wurde. Denn während des Zweiten Weltkrieges herrschte im neutralen Schweden großer Mangel an jeglicher Art von flüssigen Brennstoffen, weshalb man sich vor allem mit solchen Antriebsmöglichkeiten beschäftigte, für die man den Betriebsstoff in mehr als ausreichenden Mengen hatte. Für das waldreiche Schweden war das Holz. Helmer Pettersons Aufgabe bei Volvo war folglich, vor allem neuartige, leistungsfähigere und mit einem höheren Wirkungsgrad laufende Holzgasanlagen zu konstruieren. Volvo hatte nämlich wegen des Rohstoffmangels schon bald nach Kriegsausbruch seine gesamte zivile Pkw-Produktion einstellen müssen und zum Hauptkunden für die Bereiche Lkw und Omnibusse war die schwedische Armee geworden. Und der Heeresführung war natürlich klar, daß Schweden seine bewaffnete Neutralität nur durch eine einsatzbereite und nicht durch logistische Probleme beeinträchtigte Armee gewähren konnte. Volvo erhielt deshalb u. a. den Auftrag für die Entwicklung von Gengasanlagen hauptsächlich für den militärischen Bereich, aber auch viele zivile, vor allem kommunale Fahrzeuge, wurden mit Holzgasanlagen ausgerüstet.

Helmer Pettersons nächstes Projekt nach den Holzgasanlagen war ein Kleinwagen, der speziell den skandinavischen Anforderungen gewachsen sein sollte. Bekannt wurde dieses Fahrzeug unter der Typenbezeichnung PV 444. Außer der eigentlichen Detailarbeit am neuen kleinen Volvo ließ Helmer Petterson es sich nicht nehmen, selbst die Prototypen zu testen. Während eines Tages fuhr er einmal 1300 km mit einer Durchschnittsgeschwindigkeit von 100 km/h. Diese Leistung kann man erst richtig ermessen, wenn man weiß, auf welchen Straßen Petterson fuhr: Schwedens Straßennetz bestand zum überwiegenden Teil aus Schotterpisten, geteerte Straßenbeläge suchte man vergebens und nur in größeren Städten waren Hauptstraßen gepflastert. Bei solchen strapaziösen Testfahrten war Petterson anzumerken, daß er viele Jahre Erfahrung vom Rennbetrieb bei Excelsior mitbrachte.

US-Export: KS mit amerikanischen Stoßstangen und verlegtem Blinker. ▶

Anläßlich der Suez-Krise wieder ausgemottet: der Holzgas-Generator. Hier inspiziert Petterson eine solche Anlage.

Nebenbei besaß Helmer Petterson noch eine Firma, die zur Vermarktung eigener Entwicklungen diente. Markenzeichen seiner Entwürfe ist die Harmonie von Form und Funktion, eine Erkenntnis, die er aus den USA mitgebracht hatte: Jedes Produkt muß außer nützlich auch schön sein.

Zu den ersten PV 444-Modellen gab es eine nicht sonderlich gelungene Sonnenschute aus Metall als Sonderzubehör. Durch ihre Form ließ sie die Fahrzeuge älter aussehen als sie in Wirklichkeit waren, da sie auf Vorkriegsformgebung beruhten. Helmer Petterson konstruierte deshalb 1951 eine neue Sonnenblende mit der Modellbezeichnung HP (was wohl unschwer als Helmer Pettersons Initialen zu interpretieren ist). Diese war aus einem neuen, plexiglasähnlichen, eingefärbten und transparenten Kunststoff mit der Markenbezeichnung Bonoplex.

Das Modell HP bestach vor allem durch seine Eleganz und wurde sofort von Volvo in das Zubehörprogramm aufgenommen, wo es ein großer Verkaufserfolg wurde. Desweiteren baute Helmer Petterson Fahrerkabinen für Lkws aus schichtverleimtem Holz, die für ihre Zeit durch ihr zukunftsweisendes Design bestachen. Außerdem war er an der Entwicklung der dachmittig montierten Fahrtrichtungsanzeige (Kuckuck) beteiligt.

Nachdem Helmer Petterson bei Volvo aufgehört hatte, betrieb er zusammen mit seinem Sohn Pelle, dessen Name sich vor allem durch seinen Entwurf des P 1800 Sportwagens mit Volvo verbindet und der ein bekannter Segler und Designer ist, die Firma Modern Design. Vater und Sohn betrieben Modern Design gemeinsam bis zum Tod von Helmer Petterson Anfang August 1980.

Wie der Vater, so der Sohn: wunderschöner P 1800 S, entworfen von Pelle Petterson.

Die einzelnen PV 444-Modelle

Siegertyp: Ob der schwedische Hersteller ahnte, welchen großen Erfolg er mit diesem Auto erzielen würde?

Modell: PV 444 A/AS
Bauzeitraum: 1944 – 1950
Anzahl: 12 504
Fahrgestellnummer: 1 – 12 504
Motor: B4B, Ausführung I und II (ab Fgst. Nr. 12 130)
Lieferbare Farben: schwarz (A); schwarz und taubengrau (AS)

Detailänderungen:

Die Bezeichnung A-Modell wurde erst mit dem B-Modell eingeführt. Bis dahin hießen die Modelle PV 444 und PV 444 S. Das S-Modell unterschied sich durch die luxuriösere Ausstattung: Stoßstangenhörner, rostfreie Zierleisten, Felgenzierringe, die sog. Haubenschwalbe (das alte Volvo-Symbol: die Schwalbe), die auch als verspielter Griff auf der Motorhaubenseite als sog. Haubenheber wieder auftauchte. Bei der Innenausstattung wurde das für das Standardmodell verarbeitete und aus Polen eingekaufte Tuch durch in Schweden hergestellten Polsterstoff ersetzt, der ein gestreiftes Muster besaß. Vom S-Modell wurden lediglich 700 Exemplare hergestellt, die aber nur den bereits Kaufverträge besitzenden Kunden angeboten wurden, die die S-Variante sozusagen als Ausstattungspaket zukaufen konnten.

Ab Fahrgestellnummer 12 129 (= Motornummer 13 342) wurde ein geänderter Motor eingeführt. Die Verbesserungen betrafen Nockenwelle, Ventile, Ventilfedern und Kipphebel. Zudem wurde die Verdichtung heraufgesetzt. Durch alle diese Maßnahmen erzielte man eine Leistungssteigerung von rund 10 % im oberen Drehzahlbereich. Geändert wurden gleichzeitig: Wasserpumpe, Luftfilter und Getriebe. Löste zunächst der Typ H3 die alte H 1-Konstruktion ab, so folgte nun der

Typ H4. Zusammen mit dem Typ H3 (ab Fahrgestellnummer 2506) wurde eine geteilte Gelenkwelle mit Zwischenlager eingeführt, da sich die einteilige Kardanwelle als zu empfindlich gegen Unwucht zeigte und schnell begann, Vibrationen zu erzeugen. Fast gleichzeitig mit dem H4-Getriebe bekam das Ausgleichsgetriebe der Hinterachse hypoidverzahnte Kegel- und Tellerräder, die die Spiralkegelräder der ersten Serie ablösten. Zudem wurden ab Fahrgestellnummer 10 000 wartungsfreie Stoßdämpfer eingeführt. Zum besseren Korrosionsschutz wurde ab 1949 die Karosserie zur Grundierung in einem sog. Rotationstauchbad behandelt.

PV 444 A.

Der vermutlich älteste heute noch existierende Buckel: Ein Fahrzeug mit der Chassis-Nummer 9!

Wird seiner Rolle als Viersitzer gerecht: PV 444.

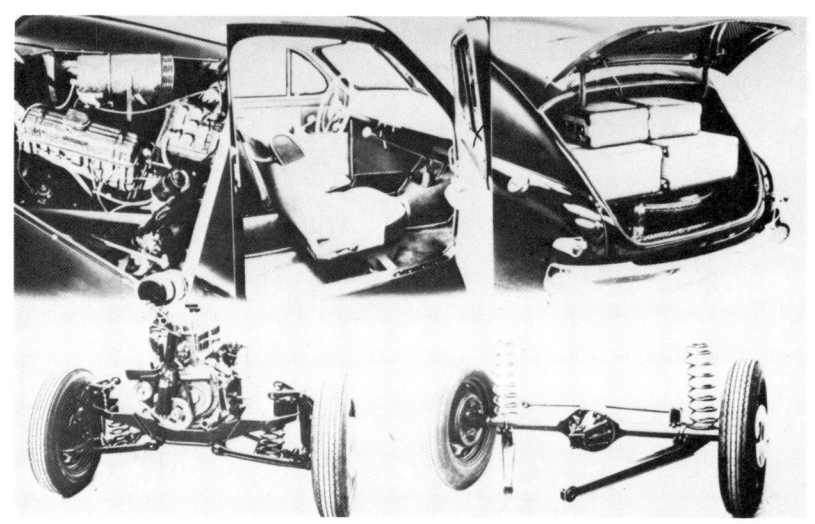

Details aus einer zeitgenössischen Publikation

Extravagante Innenausstattung in beige-grün.

Modell: PV 444 B/BS
Bauzeitraum: 1950–1951
Anzahl: 7500
Fahrgestellnummer: 12 505–20 004
Motor: B 4 B Ausf. II
Lieferbare Farben: schwarz (B); schwarz und taubengrau (BS)

Detailänderungen:

Die wohl auffälligsten Veränderungen innerhalb der gesamten PV 444-Reihe erfolgten beim Übergang vom A zum B-Modell. Das Face-Lifting erfolgte sowohl innen als auch außen.

Am auffälligsten waren die neuen Stoßstangen. Die durchgehende, einteilige des A-Modells wich einer dreiteiligen mit separaten Hörnern. Die hintere Stoßstange besaß zudem eine Halterung für das Nummernschild, das beim A-Modell noch auf dem Kofferraumdeckel montiert war, sowie eine separate Beleuchtung dafür. Volvo hatte diese Veränderung vor allem auf Kundenwunsch hin vorgenommen, um bei einem Unfall die Stoßstangen kostengünstiger reparieren zu können. Neu war auch die Fahrtrichtungsanzeige vom Typ Blinker, die auf der Dachmitte montiert war (der sog. Kukkuck), den allerdings nur in Schweden zugelassene Fahrzeuge hatten. Weitere Veränderungen an der Karosserie waren: Die Türen wurden mit einem Anschlag versehen; die Kotflügelinnenseite wurde mit Unterbodenschutz ausgespritzt; die Wagenheberaufnahme saß unter den Wagenseiten. Auffällig waren auch die Veränderungen im Innenraum. Das Armaturenbrett des A-Modells mit seinem in der Mitte plazierten Kombiinstrument war von Anfang an kritisiert worden, weshalb das B-Modell nun ein direkt vor dem Fahrer montiertes Kombiinstrument erhielt, das Anzeigen für Geschwindigkeit, Wassertemperatur, Ampere, Öldruck und Tank besaß. Zudem wurde der Instrumententräger mit einem kleinen Schirm versehen, der Spiegelungen in der Windschutzscheibe verhindern sollte. Das Lenkrad wurde nun aus durchgefärbtem Kunststoff hergestellt, wodurch es Farbe und Aussehen länger beibehalten sollte. Zusätzlich erhielt es einen neuen Hupenring. Der Blinkerhebel wanderte auf die rechte Seite des Lenkrads und wurde sowohl mit automatischer Rückstellung als auch akustischer Anzeige gekoppelt. Zudem erhielten die Armaturen eine verbes-

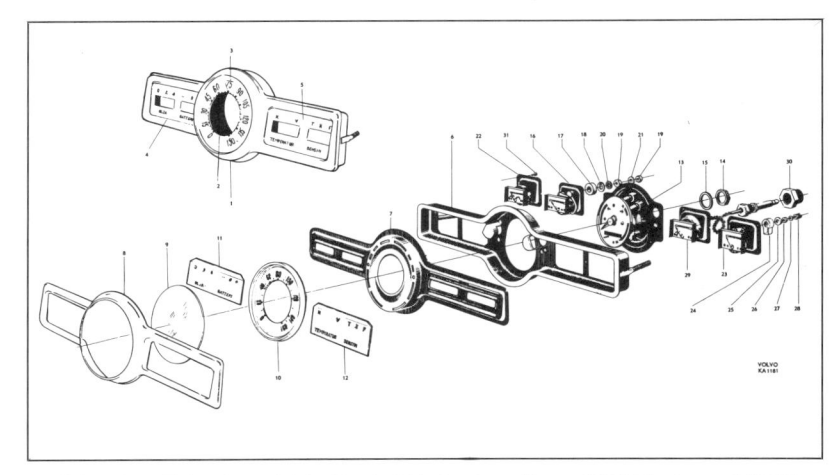

Im Stil seiner Zeit: der schicke Buckel-Tacho (von Sept. 1950 bis August 1958) samt seinem Innenleben.

Motorraum eines B-Modells.

Mit Haubenschwalbe und Weißwand-Reifen: PV 444 BS.   Kurioses Detail für den schwedischen Markt: der Blinker auf dem Dach, auch Kuckuck genannt. ▶

serte Beleuchtung und es wurde ein Aschenbecher integriert. Der Handbremshebel wurde so abgeändert, daß Knieverletzungen nicht mehr vorkommen sollten. Auffällig im Innenraum war auch der neue Bezugsstoff in blaugrau, der an besonders beanspruchten Stellen plastikverstärkt war. Die Verstellmöglichkeiten der Vordersitze wurden zahlreicher und die Rücksitzbank erhielt, indem nun der Kardantunnel der schon beim A-Modell eingeführten geteilten Gelenkwelle angepaßt wurde, ein durchgehendes Sprungfederunterteil.

Die Illusion vom großen Kofferraum.

Des weiteren wurden der Schließmechanismus der Ausstellfenster verbessert sowie der Anlasser mit dem Zündschloß gekoppelt.

Zusammen mit der Vorstellung des B-Modells begann Volvo, auch außerhalb Skandinaviens verstärkt für seine Fahrzeuge zu werben. Zum erstenmal wurden – mit einer Auflage von 5000 Stück – Prospekte in englisch, französisch, deutsch und spanisch aufgelegt. Dies weniger, um bereits größere Stückzahlen im Ausland zu verkaufen, als vielmehr, um erst einmal das Interesse für das schwedische Produkt zu wecken.

Das B-Modell präsentierte sich mit neuem Armaturenbrett.

Auch der Motor erhielt einige Verbesserungen. Zum einen erhielt er serienmäßig ein Nebenstromölfilter und eine Kühlerjalousie, die vom Fahrersitz aus bedient werden konnte, wodurch sich – gerade in skandinavischen Wintern – die Warmlaufphase erheblich verkürzen ließ, und der oberste Kolbenring erhielt eine Hartverchromung, wodurch der Zylinderwandverschleiß vermindert wurde.

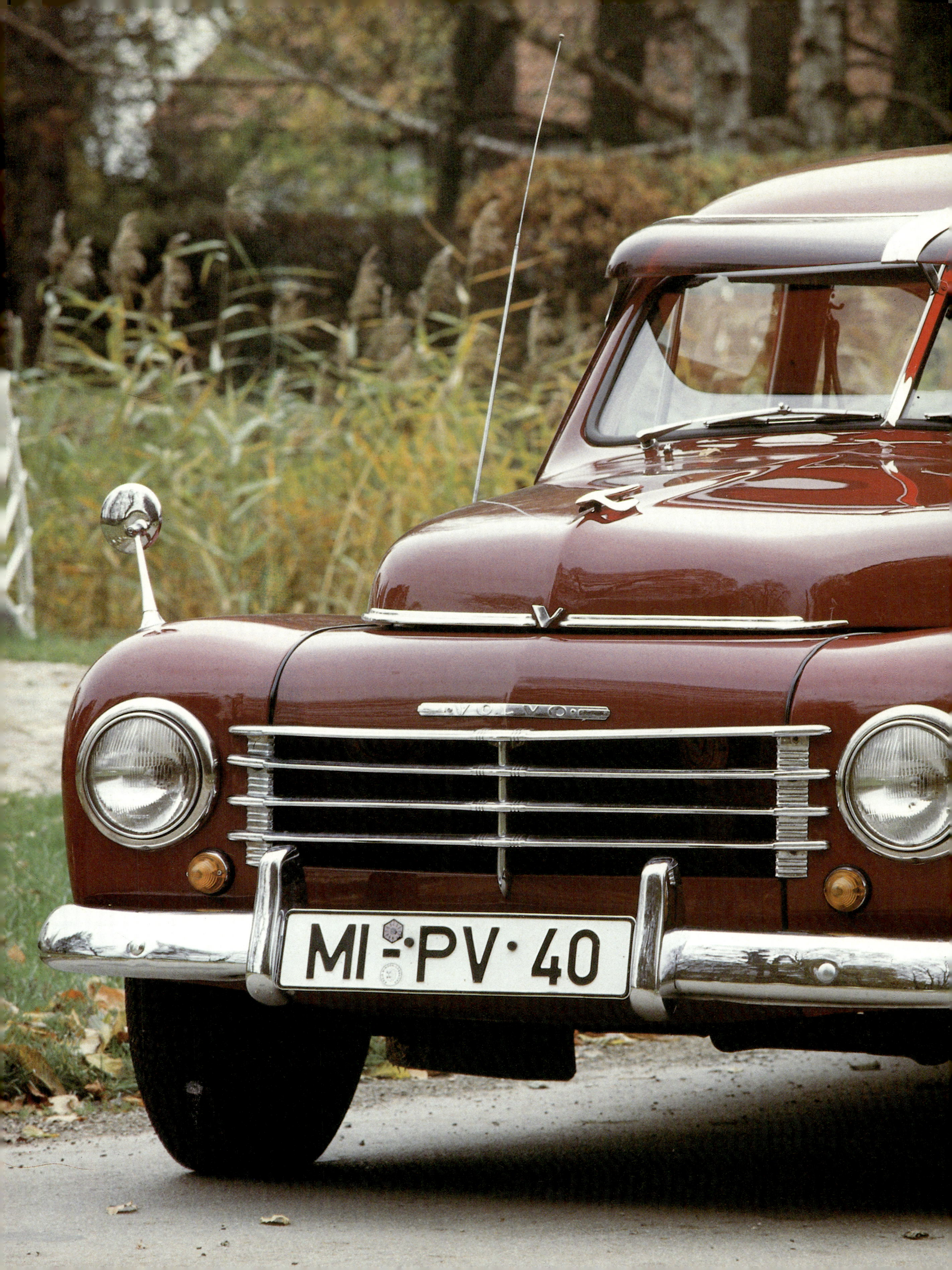
VOLVO
MI-PV 40

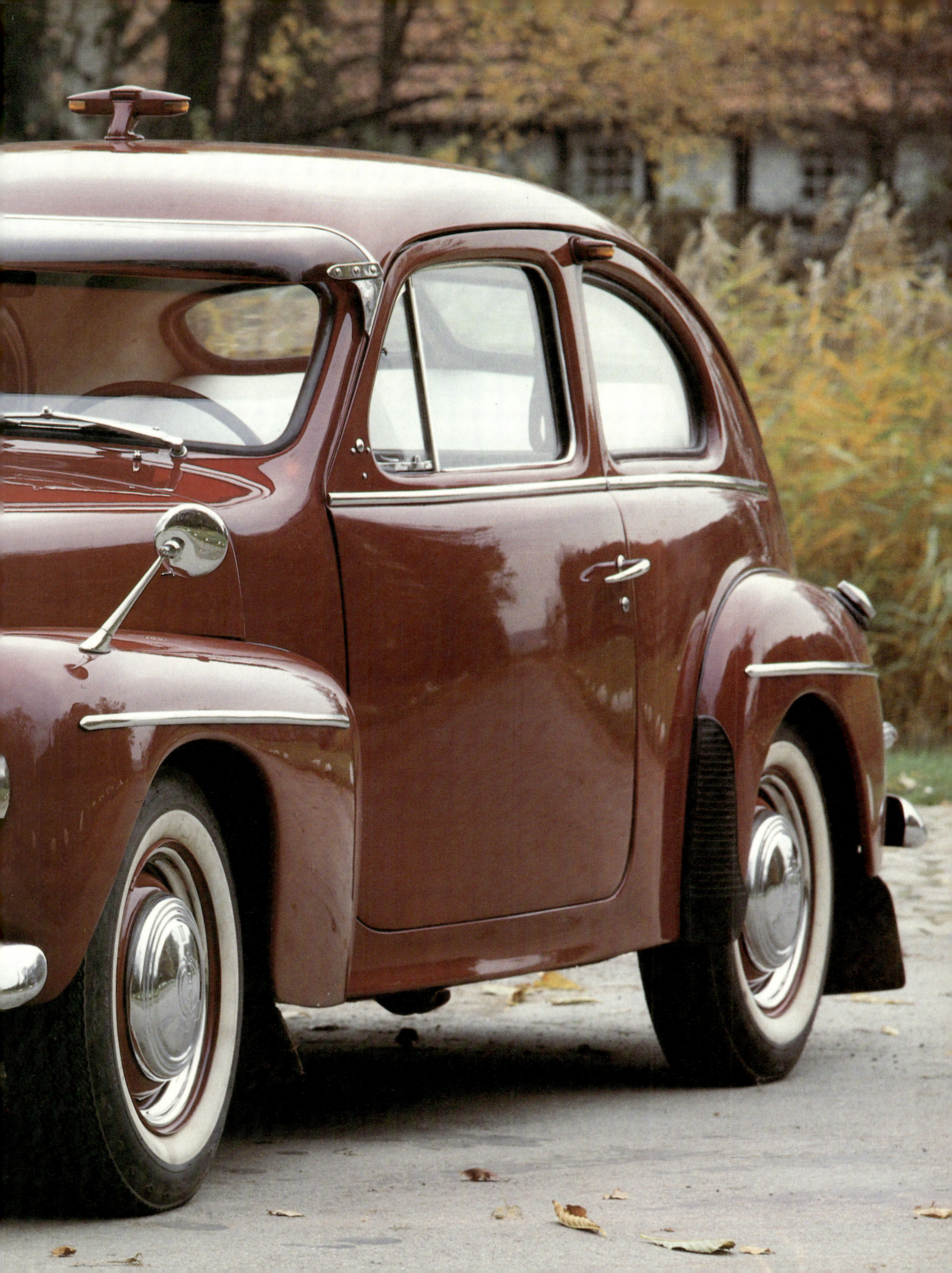

Modell: PV 444 C/CS
Bauzeitraum: 1951 – 1952
Anzahl: 8000
Fahrgestellnummer: 20 005 – 28 004
Motor: B 4 B Ausf. II
Lieferbare Farben: schwarz (C); schwarz und taubengrau (CS)

Detailänderungen:

Dem Trend der Zeit folgend reduzierte auch Volvo den Felgendurchmesser von 16 auf 15 Zoll, wodurch die Räder leichter und mithin die gefederten Massen geringer wurden. Zudem wurde die Anzahl der Radmuttern, die nun alle gleiches Gewinde hatten und nicht mehr – je nach Wagenseite – Links- und Rechtsgewinde, von vier auf fünf bei einem Lochkreisdurchmesser von 4,5 Zoll erhöht. Die Reifengröße war 5.90 x 15".

Lenkung, Vorder- und Hinterachse wurden überarbeitet, wodurch sich Spurweite (1,5 cm größer) und Nachlauf änderten.

Im Innenraum wurde die Lage des Blinkerhebels geändert, der nun wieder auf die linke Seite der Lenksäule wanderte. Zudem spendete die Innenraumbeleuchtung mehr Licht und die Anzahl der Sicherungen stieg von vier auf sechs an.

Dem geänderten Nutzungsverhalten seiner Kundschaft Rechnung tragend, bot Volvo nun eine Heizung mit der Bezeichnung BV-1 an, die Frischluftzufuhr und Defrosterdüsen für die Windschutzscheiben besaß. Als Zusatzausstattung war sie gegen Aufpreis lieferbar, jedoch besaßen nun alle Fahrzeuge serienmäßig Montageaussparungen, um das Modell BV-1 auch nachträglich noch einbauen zu können.

1951 wird der 25 000. Buckel gebaut, C-Modell mit Kuckuck.

Trio: Dame, Buckel, Koffer.

Modell: PV 444 D/DS
Bauzeitraum: 1952–1953
Anzahl: 9000
Fahrgestellnummer: 28 005–37 004
Motor: B 4 B Ausf. II
Lieferbare Farben: schwarz (D); schwarz, taubengrau und maroonrot (DS)

Detailänderungen:

Die sichtbarste Änderung war das Verschwinden des auf der Dachmitte montierten Kuckucks bei den schwedischen Modellen. Die Fahrtrichtungsanzeige wanderte auf die Wagenseite. Die Elektrik wurde modernisiert: Auto-Lite-Lichtmaschine und -Anlasser wurden von Bosch-Produkten abgelöst. Zur Diebstahlsicherung erhielten die Fahrzeuge nun eine Panzerzündspule.

Die Lenkung wurde verbessert und am Differential das Tellerrad verstärkt, zudem wurde der Ölinhalt des Ausgleichgetriebes von 1,3 auf 0,9 l verringert.

Die Heizungsanlage wurde überarbeitet, hieß nun BV-6 und war weiterhin nur gegen Aufpreis lieferbar. Sie besaß den großen Vorteil, daß sie nun im Motorraum montiert werden konnte (was den Beifahrern viele blaue Flecken an den Beinen ersparte).

Die Modelle in maroonrot, einer Lackierung, die Metalliclack ähnelte, zumindest nannte sie sich Metallichrom, erhielten eine farblich abgestimmte Innenausstattung in rot und beige. Die Farbe selbst wurde sehr schnell zum Verkaufsschlager, bereitete aber einigen Ärger: Der

Familienglück mit D-Modell.

Ein D-Modell in Spezial-Ausführung, zu der die serienmäßig montierte „Haubenschwalbe" gehörte.

Lack wurde im Laufe der Zeit an seiner Oberfläche grau, und wenn man versuchte, den Grauschleier wegzupolieren, kam man sehr schnell auf die Grundierung...

Kein Kuckuck mehr — auch nicht auf dem schwedischen Markt —, statt dessen wieder Blinker an traditioneller Stelle.

Ein PV 444 E des Jahrgangs 1953; im Gegensatz zum ES war der E einfacher ausgestattet, verzichtete etwa auf die Zierleisten an den Kotflügeln.

Modelltypologie

Modell: PV 444 E/ES
Bauzeitraum: 1953–1954
Anzahl: 31950
Fahrgestellnummer: 37005–68995
Motor: B4B Ausf. II
Lieferbare Farben: schwarz (E); schwarz, perlgrau und maroonrot (ES)

Detailänderungen:

Mit dem E-Modell wurde beim Carter-Vergaser Handgas eingeführt. Da sich aber die Carter-Vergaseranlage von Produktionsbeginn an als nicht 100%ig an den B4B-Motor anpassungsfähig erwies, ging man — da die englischen Zenith-Werke wieder liefern konnten — auf Zenith-Vergaser über, die gleich mehrere Vorteile brachten: Das Kaltlaufverhalten wurde spürbar verbessert und im unteren Teillastbereich lief der Motor nun endlich wirklich sauber und ohne Magerruckeln.

Die Lenkung wurde weiter verstärkt.

Als reines Face-Lifting gab es neue Stoßstangen (mit dem sog. „Bullhorn"), und auf der praktischen Seite wurden die Blinker nun mit Kontrollampen im Armaturenbrett versehen.

Im Frühjahr 1954 wurde sogar die Heizung serienmäßig.

Die Werkszeitung „Ratten" (Das Lenkrad) berichtete Ende 1953 von der Eroberung eines neuen Exportmarktes: Auf einen Streich hatte man 50 ES-Modelle nach Japan verkauft und sofort auch Prospekte und Bedienungsanleitungen auf japanisch drucken lassen.

Beweist noch heute seine Alltagstauglichkeit: PV 444 ES.

ES-Modell in maroonrot.

Buckel und Pagode: Mit dem E-Modell — hier in S-Ausführung — begann der Japan-Export.

Modell: PV 444 H/HS/Export
Bauzeitraum: 1954–1955
Anzahl: 29 046
Fahrgestellnummer: 68 996 – ca. 98 000
Motor: B 4 B Ausf. II, B 14 A
Lieferbare Farben: schwarz (H); schwarz, perlgrau und maroonrot (HS); schwarz und meergrün (Export)

Der H war an der einteiligen Heckscheibe und den hochgesetzten Rückleuchten vom Vorgänger zu unterscheiden.

Detailänderungen:

Ein PV 444 F- oder G-Modell gab es nicht, Volvo sprang vom E- direkt zum H-Modell.

Es wurden hauptsächlich solche Veränderungen vorgenommen, die auf der Wunschliste der Volvo-Besitzer ganz oben standen: Und das betraf vor allem die Rundumsicht und das Kofferraumvolumen. Das H-Modell erhielt eine ungeteilte Heckscheibe, die fast doppelt so groß war, wie das vorherige „Brezelfenster". Ebenso wurde die Windschutzscheibe vergrößert, indem die A-Säule schmaler wurde und die Oberkante hochgezogen wurde, wodurch vor allem Verkehrsampeln besser gesehen werden konnten. Zur Übersichtlichkeit trugen auch neue Rückspiegel bei.

Das Kofferraumvolumen konnte um 30 % vergrößert werden, indem das Ersatzrad nun auf der rechten Wagenseite stehend (statt wie bisher liegend) untergebracht wurde. Die neuen Rückleuchten dienten gleichzeitig der Kofferraumbeleuchtung. Sie wurden zudem größer und saßen nun auf der Wagenseite über den Kotflügeln. Die Blinkergläser erhielten außerdem eine linsenförmige Ausformung, wodurch die Fahrtrichtungsanzeige deutlicher wurde. Zudem wurde das Fernlicht verstärkt und die Fahrzeuge erhielten ein Parklicht auf der B-Säule (vorn weiß, hinten rot), das zusammen mit den Blinkern in einem Gehäuse zusammengefaßt war.

Die Karosserie erhielt auf jeder Wagenseite zwei Wagenheberaufnahmen und eine neue, über Türkontakte

Verschiffung eines PV 444 HS.

Duo für zwei Buckel: 444 mit Sonnenschute und 544. ▶

49

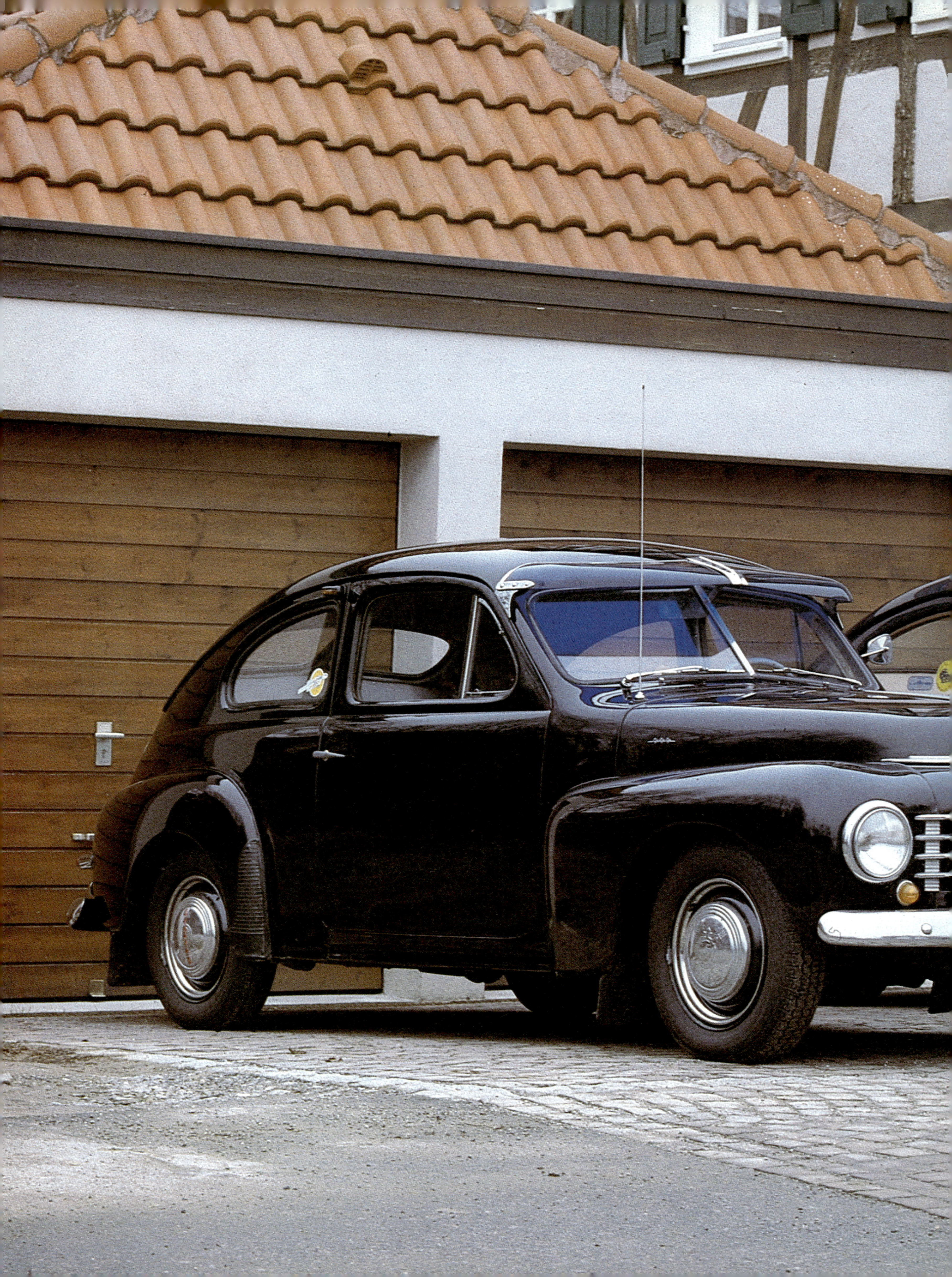

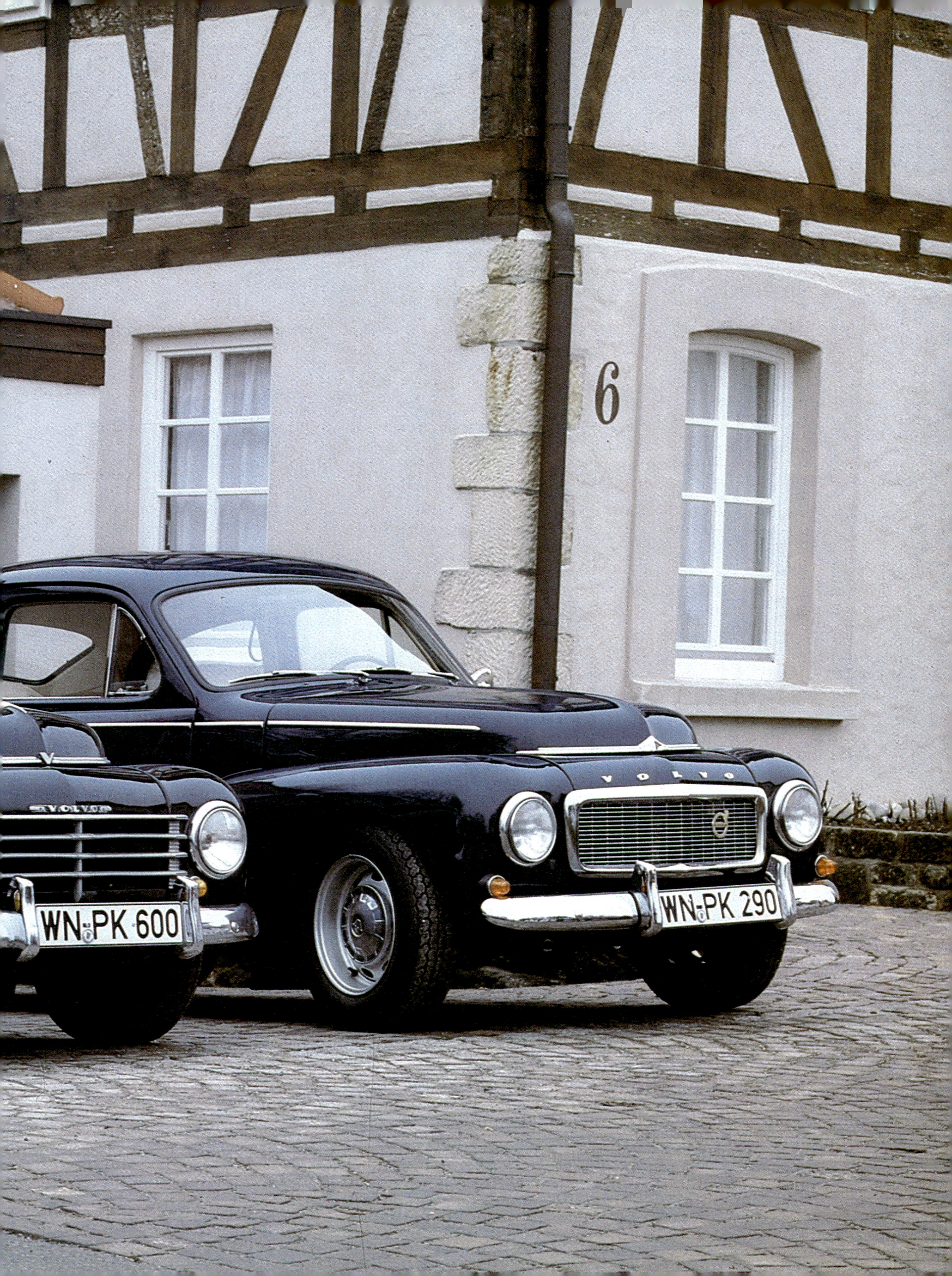
6
VOLVO
WN PK 600
VOLVO
WN PK 290

schaltbare Innenraumbeleuchtung. Zusätzlich zur verbesserten Heizungsanlage waren im Kabelbaum Leitungen und am Armaturenbrett ein Schalter vorgesehen, um einen Ventilator auf der Hutablage zu montieren, der die Heckscheibe beschlagfrei hielt.

Die gesamte Zündanlage stammte nun von Bosch.

Während der Produktionszeit des H-Modells wurden außerdem schlauchlose Reifen und ein verbessertes Getriebe eingeführt, sowie von Celluloselack zu synthetischem Lack übergegangen. Gleichzeitig ging man auch dazu über, den Innenraum in Wagenfarbe und nicht mehr in hellgrau zu lackieren.

Als Sondermodell für Exportmärkte wurde der „Export" vorgestellt, keine — wie damals in der Automobilbranche üblich — Variante mit Luxusausstattung, sondern eine total abgemagerte Version: u.a. Sitze mit bespanntem Rohrgestell und alle Chromteile waren durch aluminiumfarben lackierte ersetzt. Selbst das Ölfilter fehlte. In Schweden selbst war das Exportmodell kein großer Erfolg, aber in Belgien, Holland, Dänemark, Norwegen und Südamerika verkauften sie sich — zumindest für Volvos Verhältnisse — gut.

Im Herbst 1955 wagte Volvo mit dem H-Modell den Schritt über den Atlantik auf den amerikanischen Markt. Alle nach USA gelieferten HS-Modelle besaßen

Von „E" zu „H": In Volvos eigenem Alphabet folgte auf das E- das H-Modell.

statt des normalen B4B-Motors den sog. Sportmotor, der zunächst nur im P 1900 Sportwagen zum Einsatz kommen sollte, aber eigentlich eine Entwicklung für den amerikanischen Markt war (s. Kapitel: P 1900). Das 1,4-Liter-Triebwerk entwickelte 70 PS und beflügelte den PV 444 immerhin zu einer Höchstgeschwindigkeit von 140 km/h.

Noch ein Spezial-Modell.

Auch die Armstützen hatte man sich geschenkt.

Schwarzes Lenkrad und einfache Sitze: der Export.

Sparbrötchen: Der PV 444 H „Export".

Ohne Matten: Export-Kofferraum.

Das Reserverad stand — und der Kofferraum wuchs (um 30 Prozent sogar!).

Kombi-Instrument: seitlicher Blinker mit Parkleuchte.

53

PV 444 DS mit Sonnenschute, einem beliebten zeitgenössischen Zubehör.

Modell: PV 444 K/KS/Export
Bauzeitraum: 1955—1957
Anzahl: 33 918
Fahrgestellnummer: ca. 98 000—131 917
Motor: B 4 B Ausf. III, B 14 A
Lieferbare Farben: schwarz (K); schwarz, perlgrau, maroonrot, rivierablau und mitternachtsblau (KS), weiß (Sondermodell California); schwarz und meergrün (Export)

Detailänderungen:

Im Dezember 1955 stellte Volvo sein neues K-Modell in den Ausführungen Standard, Spezial und Export vor. Die größte Veränderung hatte die B 4 B-Maschine erfahren, deren Leistung auf 51 PS erhöht worden war, u.a. durch eine geänderte Nockenwelle, einen anderen Zylinderkopf mit einer auf 7,3 : 1 erhöhten Kompression, härtere und in der Form an den neuen Zylinderkopf angepaßte Ventilfedern, geänderte Stößelstangen und ab Fahrgestellnummer 98 271 auch eine neue, auf den geänderten Motor abgestimmte Auspuffanlage. Die Änderungen am Motor dienten vor allem der Standardisierung, da 1956 die Serienproduktion des Modells P 1200 (Amazon) mit dem überarbeiteten und auf 1,6 Liter Hubraum erhöhten B 4 B-Motor — der sodann entsprechend seinem Hubraum B 16-Motor hieß — anlaufen sollte. Der neue Motor besaß, dem Trend der Zeit folgend, 14 mm Zündkerzengewinde, womit auch der Leistungssprung zum Sportmotor (höherer Wärmewert) vorbereitet wurde.

Durch die höhere Leistung des neuen Motors stieg die Höchstgeschwindigkeit um 10 km/h auf 130 km/h an.

Am äußeren Erscheinungsbild des PV 444 wurde zum K-Modell lediglich ein neuer Kühlergrill eingeführt, um Kundenwünschen nach einem moderneren Aussehen gerecht zu werden. Zudem waren die Verkaufszahlen rückläufig, nachdem bekannt wurde, daß Volvo ein neues Modell plane.

Da Volvo sich für den amerikanischen Markt hohe Zuwachszahlen versprach, legte man vom K-Typ ein Sondermodell für die USA auf: Volvo PV 444 California. Das California-Modell war zwar auch in Schweden lieferbar, die Käufer mußten dort aber auf den Sportmotor B 14 A verzichten, der ja generell in allen US-Modellen zu finden war. Das weiße California-Modell unterschied sich hauptsächlich in der Ausstattung von den anderen Spezial-Modellen: Es besaß eine exklusive sonnengelbe/schwarze Innenausstattung und ein schwarzes

K-Modelle sind an ihrem charakteristischen Kühlergrill gut zu erkennen.

Lenkrad und natürlich die heute so heißgesuchten Amerika-Stoßstangen. Der Verkauf in den Vereinigten Staaten lief über Erwarten gut an.

PV 444 LS bei einem Buckel-Treffen.

Modelltypologie

Modell: PV 444 L/LS
Bauzeitraum: 1957–1958
Anzahl: 64 087
Fahrgestellnummer: 131 918 – 196 004
Motor: B 16 A, B 16 B und B 16 D
Lieferbare Farben: schwarz (L); schwarz, perlgrau, rivierablau, mitternachtsblau, rubinrot, smaragdgrün und goldbeige (LS), weiß (Sondermodell California)

Detailänderungen:

Die achte und letzte Auflage des 444-Modells wurde im Januar 1957 auf Band gelegt, als eigentlich kaum mehr jemand daran glaubte, denn Volvo hatte seine neue Mittelklasselimousine Amazon vorgestellt. Aber statt dessen modernisierte und standardisierte Volvo sein altes und billiges (weil von den Werkzeugkosten längst abgeschriebenes) Modell, das es nun als Standard, Special und California gab (das Exportmodell hatte man mangels Nachfrage aufgegeben). Die wichtigste Änderung am L-Modell war die Übernahme des B 16 genannten Motors aus dem Amazonmodell, den es als B 16 A mit 66 PS und als Exportvarianten B 16 B mit 85 PS und nur für die USA als B 16 D mit 72 PS gab. Überhaupt hatte man die Technik überarbeitet: Ein neuer Getriebetyp und eine neue hintere Aufhängung der Motor-Getriebekombination sollten für geringere Übertragung von Vibrationen sorgen. Um die Lärmbelästigung zu senken und den Fahrkomfort zu erhöhen, wurde eine neue Auspuffanlage mit besserer Dämpfcharakteristik und gleichzeitig geringerem Strömungswiderstand konstruiert. Auch kam man dem Kundenwunsch nach, endlich elektrische Scheibenwischer einzuführen. Die bis dahin serienmäßig installierten und von Unterdruck getriebenen hatten nämlich die Eigenart, immer dann, wenn man sie am nötigsten brauchte, stehenzubleiben. Sie wurden nämlich vom Unterdruck im Ansaugkrümmer des Saugmotors gesteuert und bekanntlich ist dort der Unterdruck – außer im Schiebebetrieb – im Leerlauf am höchsten und beim Öffnen der Drosselklappe – sprich Beschleunigen – am geringsten. Und wenn man dann bei Regen überholen wollte und Gas gab, blieb die Anlage stehen..., weshalb schon früh als Zusatzausrüstung ein sog. Vakuumvorratstank eingebaut werden konnte, der beim Gasgeben den Scheibenwischer noch ca. 10 Sekunden weiterlaufen ließ, was maximal für eine halbe Lkw-Länge reichte und eigentlich noch brenzligere Situationen hervorrief, da man meistens mitten im Überholvorgang nichts mehr sah...

Mit neuen Rückleuchten: L und LS.

PV 444-1957

Titelblatt eines 1957er „Instruktionsbok", einer Betriebsanleitung.

Aber auch äußerlich sah man dem L-Modell wichtige Veränderungen an: Es hatte einen neuen Kühlergrill mit einem großen goldenen V in seiner Mitte erhalten, das sich auf der Heckklappe wiederfand. Überhaupt hatte das Heck ein neues Gepräge bekommen, indem man neue Rückleuchten vom englischen Hersteller Lucas (die übrigens heute noch produziert werden) einbaute. Vorn waren die kombinierten Blinker/Standlichter nach innen zwischen Scheinwerfer und Kühlergrill gewandert (außer bei den Exportmodellen, wo sie sonst von den Amerika-Stoßstangen verdeckt worden wären).

Und als erster Hersteller der Welt hatte Volvo in seinem Modell PV 444 L serienmäßig Befestigungspunkte für Sicherheitsgurte; diese selbst gab es aber nur gegen Aufpreis.

▲ LS mit „Amerika-Stoßstange".

Ein PV 444 LS, zwischen 1/57 und 8/58 gebaut. ▶

▲ Auf Wunsch gab es einen Bremskraftverstärker.

Prospektblatt eines PV 444 LS, gedruckt im Februar 1958. Kurz darauf gab der ▶
PV 544 seinen Einstand.

Buckels beim norwegischen Importeur.

Einer der letzten PV 444 ...

... im Originalzustand erhalten.

P 1900: Volvos erster Sportwagen

Markanter Kühlergrill, der in ähnlicher Form noch häufig bei Volvo auftauchen sollte.

In keinem anderen Jahrzehnt wurde im Kraftfahrzeugbau so viel experimentiert wie gerade in den fünfziger Jahren. Im Karosseriebau hieß der neue Experimentalwerkstoff Kunststoff. Hiermit wurde es erstmals möglich, Karosserien auch in kleinen Serien zu erschwinglichen Preisen aufzulegen, da die horrenden Kosten der Preßwerkzeuge für die Blech(preß)teile wegfielen, obwohl das Material selbst teurer ist. Bahnbrechend war zweifellos Chevrolets Corvette 1953 gewesen. Begeistert wurden in den USA die Vorteile des neuen Werkstoffs gepriesen: nicht rostend, leichter, stabiler, geräusch- und schwingungsdämpfend, besser isolierend gegen Hitze und Kälte. Daß es auch Nachteile geben sollte, ignorierte man in der allgemeinen Euphorie, hatte man doch noch keine größeren Erfahrungen mit dem neuen Werkstoff im Karosseriebau gemacht.

Nicht viel besser erging es dem Volvo-Oberen Assar Gabrielsson. Er besuchte seit Ende der dreißiger Jahre regelmäßig die USA, um dort Zulieferfirmen von Volvo (wie Spicer, Wagner, Lockheed, Carter usw.) zu besuchen und um sich über die neuesten Entwicklungen im Automobilbau zu informieren.

1953 bereiste Gabrielsson längere Zeit die USA, hauptsächlich um Volvos bis dahin größten Schritt — nämlich den über den Atlantik auf den amerikanischen Markt — vorzubereiten. Dazu gehörte natürlich auch eine eingehende Marktanalyse. Als eine von Gabrielssons wichtigsten Erkenntnissen kristallisierte sich sehr bald heraus, daß das amerikanische Interesse für Sportwagen, sowohl einheimischer — wie die brandneue Corvette — als auch europäischer Provenienz sehr rege und der amerikanische Markt groß genug war, daß auch Volvo sich sein Stück vom Kuchen abschneiden könnte.

Kurz vor Gabrielssons Abreise aus Schweden hatte man in Göteborg mit den Testläufen des neuen Sport-

Rundlich wie der Buckel: P 1900.

motors (B 14 A) begonnen. Die gedankliche Brücke: einfach herzustellende Karosserie — Sportmotor — sehr gute Absatzchancen in den USA war geschaffen.

In aller Eile wurde daraufhin eine Verbindung zu Glasspar Inc., dem Pionier auf dem Gebiet der Verarbeitung von glasfaserverstärkten Kunststoffen für Bootskörper und Autokarosserien hergestellt, und Gabrielsson reiste nach Californien, dem Firmensitz von Glasspar.

Schnell wurde man handelseinig: Glasspar erhielt von Gabrielsson den Auftrag, für Volvo eine geeignete Karosserie zu entwickeln. Volvos Vizedirektor ging nämlich zu recht davon aus, daß man die mechanischen Zutaten ja in Form des PV 444 und des Sportmotors schon hatte, was fehlte, sei einzig eine die amerikanischen Käufer ansprechende Karosserie. Und um den amerikanischen Geschmack zu treffen, könne diese nur von einer amerikanischen Firma entworfen werden. Den Auftrag an Glasspar zu vergeben, war nur folgerichtig.

Die erste von Glasspar gebaute Karosserie war so schnell fertig, daß sie in Schweden ankam, bevor Gabrielsson zurückkehrte. In Göteborg hatte man dem Ganzen mit gemischten Gefühlen entgegengesehen, auch der Order, schnellstens ein geeignetes Fahrgestell auf Basis des PV 444, allerdings mit verkürztem Radstand, denn es war nur ein Zweisitzer geplant, (2400 mm statt 2600 mm des PV 444) auf die Räder zu stellen.

Einer anderen Version zufolge wurde in Göteborg nach den Bauplänen von Glasspar ein Chassis entworfen, gebaut und nach USA gesandt, von wo das erste fertige Fahrzeug zu Beginn des Jahres 1954 wieder nach Göteborg zurückkam.

Wie dem auch sei. Als man den Prototyp bei Volvo zum erstenmal in Natura zu Gesicht bekam, zog man lange Gesichter. Jan Wilsgaard — Schöpfer des legendären Amazon-Modells und heute Chefdesigner bei Volvo — überarbeitete den Glasspar-Entwurf. So änderte er die komplette Frontpartie ab. Das charakteristische, von Wilsgaard geschaffene Gesicht des „Volvo Sport" (der die interne Bezeichnung P 1900 erhielt) hatte große Ähnlichkeit mit anderen Entwürfen von ihm, so mit den beiden Prototypen PV 179 und PV 358 und kehrte schließlich in Serie beim Modell P 164 wieder. Jedenfalls wurden nach Wilsgaards Entwürfen bei Glasspar die Formen überarbeitet und 20 Karosserien nach Schweden geliefert. Bei Volvo hatte man alle Hände voll zu tun, um wenigstens die gröbsten Mängel dieser Rohkarosserien

Klare Linie: P 1900 in Seitenansicht. ▲

Elegant gelöst hatte man den Verdeck-Mechanismus mit ausklappbaren Seitenscheiben. ▶

Gemessen an der harmonischen Seitenansicht wirkt die Frontpartie etwas unproportioniert.

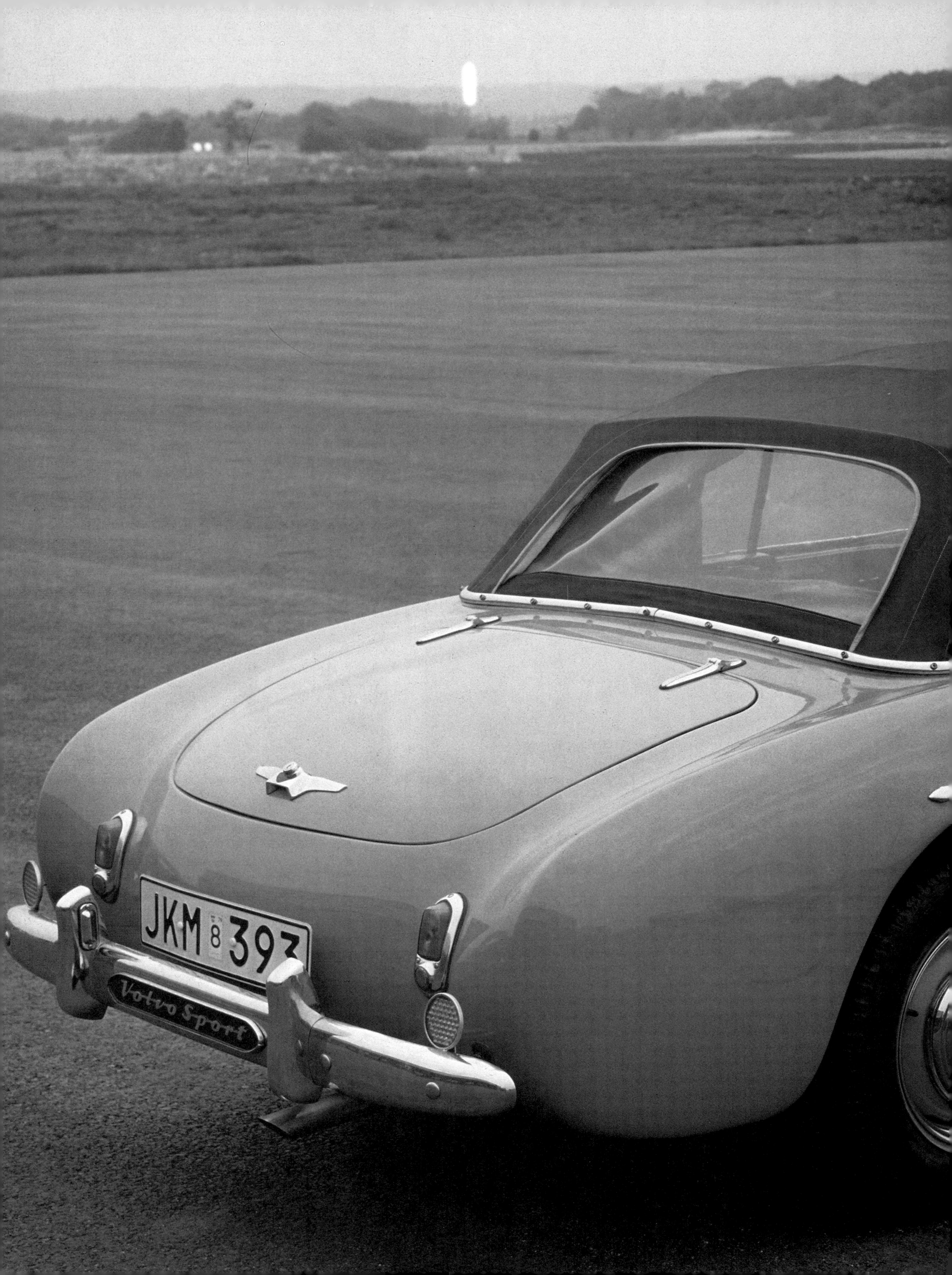
JKM 8 393
Volvo Sport

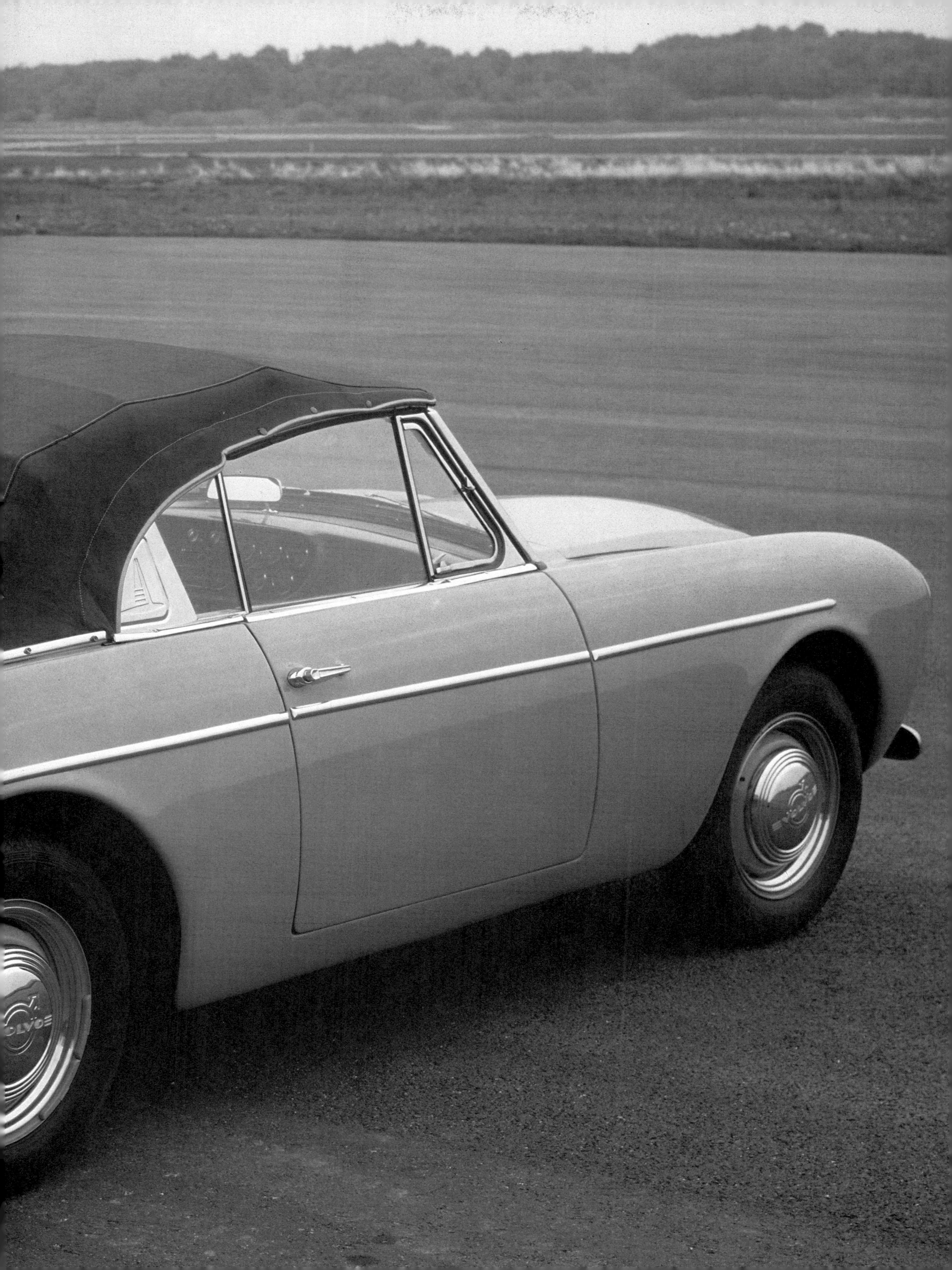
VOLVO

Der P 1900 — als Tonmodell im Maßstab 1:5.

zu beseitigen. Sie waren z.B. unsymmetrisch: Die Längen links und rechts am Fahrzeug waren ungleich.

Nachdem Wilsgaards Karosserieentwurf festgestanden hatte, machte sich ein Team von zehn Mann unter der Leitung von Raymond Eknor und Tor Berthelius an die Arbeit, ein entsprechendes Fahrgestell auf die Räder zu stellen. Den Rahmen fertigte man aus 1,5 Zoll-Stahlrohr mit äußeren — aus Gewichtsgründen gelochten — Schwellern. Die Mechanik entnahm man der Serienproduktion des PV 444: Achsen, Getriebe, Kardan und den Motor. Die Serienmaschine mit der Bezeichnung B 4 B wurde durch Überarbeitung entsprechend in ihrer Leistung gesteigert und hieß dann B 14 A: 70 SAE-PS bei 6000 U/min entlockte man dem 1,4-Liter-Aggregat durch Erhöhung der Kompression (von 6,5 auf 7,8), durch größere Einlaßventile, schärfere Nockenwelle, härtere Ventilfedern, doppelte Skinner United (SU) HS 2 Vergaser und nitrirgehärteter Kurbelwelle (die dann unverändert in den B 16 B genannten 1,6-Liter-Sportmotor übernommen wurde) mit Dreistofflagern. Für seine Zeit und für die ohv-Steuerung ein durchaus rasantes Motörchen. Um den Motor auch optisch herauszuheben, lackierte man ihn rot — im Gegensatz zu den grünen B 4 B-Maschinen. Der B 14 A-Sportmotor war als reiner Exportmotor gedacht. Volvo hatte ihn — wie gesagt — für den amerikanischen Markt entwickelt,

Klein, aber gut gepolstert: 1900-Kofferraum.

da sich der Einfuhrzollsatz nach der stärksten im Produktionsland lieferbaren Motorversion richtete.

In Schweden mußten deshalb Volvo-Fahrer mit sportlichen Ambitionen sich ihr Fahrzeug selbst tunen, während der Sportmotor dem amerikanischen Markt, um gegen die starke Konkurrenz vor allem der anderen europäischen Hersteller bestehen zu können, vorbehalten blieb; geliefert wurde er über den großen Teich nämlich in allen Modellen: also in PV 444, 445 und P 1900.

Glasspar hatte man — außer zu der ersten Prototypenkarosserie — zu weiteren 20 Karosserien vertraglich verpflichtet. Zu deren Produktion sandte man einen Volvo-Techniker, der die Herstellungstechnik vor Ort studieren sollte, nach USA. Alle weiteren Karosserien wollte man selbst in Göteborg produzieren. Von den gelieferten Glasspar-Karosserien wurden aber nicht alle zu fertigen Fahrzeugen verbaut. Deren größter Fehler war nämlich das Hardtop: Man mußte es entweder zu Hause lassen, mit dem Risiko, bei Regen naß zu werden, oder

Blende am hinteren Seitenfenster.

man fuhr konstant mit ihm — denn im Fahrzeug ließ es sich leider nicht unterbringen — und wurde bei Regen trotzdem naß: Denn — egal, was man auch versuchte — dicht zu bekommen war das Hardtop nicht. Ohne genaue Wettervorhersage ging nichts. Des weiteren waren die Ausstellfenster Attrappen, denn sie waren fest montiert. Lediglich die — nach bester englischer Steckscheibenmanier konstruierten — Seitenscheiben ließen sich leicht nach hinten winkeln. Stilistisch unschön waren zudem Motor- und Kofferraumhauben, die aus fertigungstechnischen Gründen bei Glasspar auf der Karosserie „auflagen". Das allererste Fahrzeug — noch mit Panoramawindschutzscheibe — wurde deshalb auch nie in Schweden der Öffentlichkeit gezeigt. Aber für die nächsten drei produzierten war es bald soweit: Am 2. Juni 1954 wagte man auf dem Göteborger Flugplatz Torslanda den Schritt an die Öffentlichkeit. Obwohl man den Interessenten in aller Deutlichkeit zu verstehen gab, daß es primär ein Exportfahrzeug sei, tingelte man — zusammen mit der wirklichen Neuheit, dem revolutionären Volvo Titan Lkw mit 185 PS star-

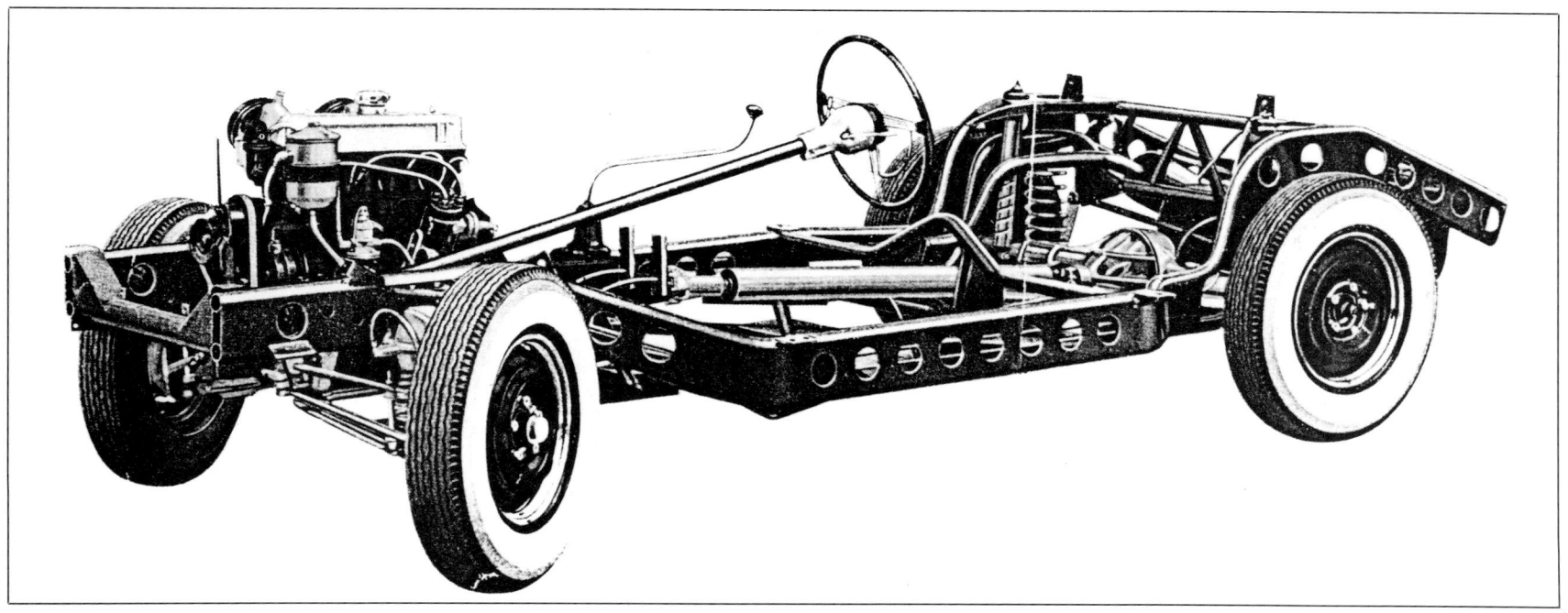

P 1900-Fahrgestell.

kem Turbo-Diesel-Motor und dem PV 834 Express — zwei Monate lang durch Schweden, von einem Volvo-Händler zum nächsten. Meist erfolgte die Präsentation auf dem örtlichen Marktplatz, dekoriert von Schönheiten in der entsprechenden Landestracht. Ob der Volvo Sport wegen seiner rassigen Form oder wegen der ihn umgebenden Schönheiten überall dicht umlagert war, wird sich wohl nie eindeutig klären lassen. Das Interesse der schwedischen Öffentlichkeit war jedoch enorm. Kaufinteressenten wurden jedoch mehr oder weniger abgewimmelt mit dem Hinweis, daß es sich ausschließlich um ein Fahrzeug für den Export handele.

Die 1954 der Öffentlichkeit gezeigten Prototypen wurden 1955 umfangreichen Tests unterzogen, bevor man das wiederum überarbeitete Fahrzeug im Januar 1955 auf dem Brüsseler Automobilsalon der Weltöffentlichkeit präsentierte. So hatte man die Kofferraumhaube plan in die Karosserie eingepaßt, das Hardtop zugunsten eines Cabrio-Faltdaches verworfen, eine fast plane Windschutzscheibe eingebaut, die Türaufhängung abgeändert, die Pläne für ein ZF-Fünfganggetriebe aufgegeben, genauso wie jene, ohne Reserverad auszukommen, nachdem man die „Sensation", nämlich eine neue Reifengeneration „Trelleborg-Safe-T-Tire" der Trelleborg Reifenfabrik getestet hatte. Glaubte man ursprünglich ohne Ersatzrad auszukommen, weil der neue Reifen sich bei kleineren Beschädigungen durch seine Elastizität wieder selbst abdichten sollte, so hatte das in Brüssel gezeigte Fahrzeug wieder ein Ersatzrad, weil die selbstabdichtenden Eigenschaften des Reifens durch Aushärten in kürzester Zeit verloren gingen.

Es sollte noch einmal fast ein Jahr vergehen, bis die ersten Fahrzeuge im Frühjahr 1956 ausgeliefert werden konnten. Da sich das Interesse im Ausland in Grenzen hielt, war das Fahrzeug plötzlich auch in Schweden erhältlich, aber auch hier war die Nachfrage mehr als schwächlich. 1956 wurden nur 44, 1957 lediglich 23 Fahrzeuge hergestellt, bis am 21. Mai 1957 die Produktion nach 67 (plus 4, einer anderen Quelle zufolge 5, Prototypen) gebauten Exemplaren eingestellt wurde.

Gut bestücktes Armaturenbrett.

Natürlich auch aus Kunststoff: das Hardtop.

Der B 14 A-Motor des Volvo-Sportlers.

Ausgeliefert wurden die Fahrzeuge nur in drei Farben: creme, hellblau und hellgrau. Die Innenpolsterung war in rotem Leder ausgeführt. Das Verdeck wurde in schwarz gehalten und die Felgen waren an allen Fahrzeugen in rot lackiert, während der Motor — im Gegensatz zu den grünen B 4 B-Maschinen ebenfalls rot lackiert war.

Die Gründe, warum der Volvo Sport ein einziger großer Flop wurde, sind vielfältig.

Da störte vor allem der mit 19 500.- Kronen sehr hoch ausgefallene Preis. Fürs gleiche Geld konnte man sich in Schweden zwei PV 444 oder einen Mercedes 190 SL kaufen und bekam dann einen grundsoliden, reinrassigen deutschen Sportwagen, der nicht mit endlosen Kinderkrankheiten behaftet war. Denn die neue Bauart des P 1900 mit Rohrrahmen und Kunststoffkarosserie bekam man bei Volvo nie richtig in den Griff. Verglichen mit einem 190 SL wirkte der Volvo Sport „billig". Hinzu kam, daß man 1956, als die Serienproduktion des Modells P 1200 (Amazon) anlief, die Produktionskapazitäten für den Buckel-Nachfolger benötigte. Im gleichen Jahr löste Gunnar Engellau Assar Gabrielsson als Volvo-Boß ab. Der neue Volvo-Obere fuhr einen P 1900 über ein Wochenende zur Probe und schlug vor Entsetzen die Hände über dem Kopf zusammen: Das war kein Auto, das Volvo-Qualitäten besaß. Die Order zur Produktionseinstellung kam postwendend, vor allem, nachdem Engellau Helmer Pettersons Urteil eingeholt hatte. Helmer Petterson hatte nämlich zusammen mit Pelle Nyström von Januar bis März 1956 einen Langstreckentest über 16 000 km durch Südeuropa und Nordafrika mit einem der ersten der Serienfertigung entnommenen Fahrzeuge hinter sich gebracht.

Obwohl die Werkszeitung „Ratten" (Das Lenkrad) den Test mit Glanz und Gloria als Reisebericht verkaufte, hätte die abschließende Beurteilung durch Helmer Petterson nicht negativer ausfallen können: Der Rahmen sei nicht verwindungssteif und hatte sich verzogen, wodurch die Auflagepunkte der starren Kunststoffkarosserie bröselten; die Türscharniere waren ausgerissen usw. Insgesamt kam der von Helmer Petterson — bekannt für seine Parforceritte — quer durch Europa gescheuchte Wagen in einem jämmerlichen Zustand nach Göteborg zurück. Das einzig Positive, das Petterson von dieser Reise berichten konnte, war der im Vergleich zu einer Stahlkarosserie glimpflich verlaufene Zusammenstoß mit einem Telegrafenmasten in Italien nach einem Ausweichmanöver. An Ort und Stelle hatte eine italienische Firma die Trümmer wieder „zusammengeklebt". Pettersons abschließendes Urteil war, daß der Volvo Sport in keinster Weise dem, was man unter Volvo-Qualität zu verstehen habe, entsprach.

Qualitätsprobleme entstehen auch heute noch bei der Restauration, wie jene Geschichte zeigt, die Ole Sommer von der Restauration seines Fahrzeugs (mit der Fahrgestellnummer 3) erzählte. Nach der ersten Probefahrt rief

Ole Sommer (links) mit dem dänischen Volvo-Importeur.

er ganz enttäuscht im Werk in Göteborg an und bekam sogar einen der damaligen Ingenieure ans Telefon. „Ich mußte mit den Knien lenken, weil ich mit den Händen die Türen festhalten mußte", klagte er seinem Telefongesprächspartner sein Leid. „Gut", antwortete der. „Wieso gut?", war die erstaunte Frage Ole Sommers. Und sein Erstaunen wurde noch größer, als der Fachmann aus Göteborg meinte, daran sehe er, daß es eine gute Restauration sei, denn nur bei „originalgetreuer Restauration muß man so fahren".

Aber 1957 war noch nicht das endgültige Aus für den Kunststoffsportler. Als man nämlich 1961 im zentralen Ersatzteillager daranging, die unrühmlichen Spuren des P 1900 zu tilgen, indem alle vom PV 444/445 abweichenden Ersatzteile verschrottet werden sollten, gelang es dem Volvo-Angestellten Ove Karlsson, einen der noch fast 300 auf Halde liegenden Rahmen sowie eine Karosserie vor der Schrottpresse zu retten. Die Karosserie hatte schon eine Weltreise hinter sich: Sie war zu Werbezwecken von Volvo in den USA bei allen Händlern her-

Die Crew kommt im P 1900.

umgereicht worden, bevor sie bei Volvo zerlegt in einem Regal verschwand und ihren staubigen Dornröschenschlaf begann, bis Ove Karlsson sie erlöste. In Heimarbeit baute der Märchenprinz sich sein Traumauto. An das Fahrgestell wurden Achsen, Motor und Kraftübertragung des gerade neu vorgestellten PV 544 mit B 18-Motor angeschraubt. Die einzige Modifikation war die Übernahme der vorderen Scheibenbremsen vom P 1800. Auch der Karosserie wollte Ove Karlsson sein persönliches Gepräge geben. Er fertigte ein Hardtop an und benutzte eine Amazon-Heckscheibe als Windschutzscheibe. Des weiteren wurde die Motorhaube vorn weiter heruntergezogen, wodurch eine markante Frontpartie entstand. Obwohl es kein original Volvo-Fahrzeug war (in Schweden fiel es unter die Kategorie HPD = hopplockade delar = zusammengewürfelte Teile), gab es bei der Zulassung keine Probleme, schließlich hatte ein Volvo-Angestellter aus Original-Volvo-Teilen ein Fahrzeug gebaut: Ein P 123 war entstanden. Lediglich die Versicherung zog nicht mit: Sportwagen hatten höhere Versicherungsprämien zu zahlen als Pkws. Aber nachdem der stolze Besitzer versicherte, daß er Volvo repräsentiere, ließ sich die Versicherungsgesellschaft auf die Klasse Pkw erweichen.

Obwohl man bei Volvo bei der Produktionsplanung mit dem Slogan „Volvo Sport für den Export" hauptsächlich auf den US-Markt zielte, wurde die Mehrzahl, nämlich 38 der Fahrzeuge, in Schweden verkauft. Oder besser gesagt, gewonnen: Viele wurden nämlich als Hauptgewinne bei Lotterien ausgesetzt. Klar, daß der Volvo Sport sehr schnell seinen Spitznamen als Lotterieauto weg hatte, und das war dem angestrebten Image alles andere als zuträglich.

P 1900 heute. Zu sehen 1987 auf der Retromobile in Paris.

P 1900 im Straßenbild — ein seltener Anblick!

Feine Welt: elegantes Paar mit dazu passendem P 1900 samt Golfschlägern.

Die verbleibenden 29 Fahrzeuge wurden im Ausland — schwerpunktmäßig in den USA, Belgien und Brasilien — in alle Winde zerstreut. In Europa existieren heute noch ca. 30 Fahrzeuge, fast ausschließlich in Schweden, aber auch in Einzelexemplaren in Dänemark, Holland und der Bundesrepublik.

Obwohl Engellau nach nur kurzer Bekanntschaft mit dem Volvo Sport die Produktion einstellen ließ, sah er doch den verkaufsfördernden, weil werbewirksamen Wert eines Sportwagens als Top of the Line. Und da man ja bekanntlich aus Schaden klug wird, vermied er beim Nachfolger alle begangenen Fehler und Volvo präsentierte nach nur dreijähriger Entwicklung auf dem Autosalon in Brüssel den P 1800, der sich zu einem der langlebigsten Sportwagen in seiner 13jährigen Karriere mauserte.

Manchmal gelingt es eben erst beim zweiten Versuch.

Die einzelnen PV 544-Modelle

Modell: PV 544 A: Standard, Special I und II, Sport
Bauzeitraum: 1958–1960
Anzahl: 99 495
Fahrgestellnummer: 196 005–295 499
Motor: B 16 A, B 16 B und B 16 D
Lieferbare Farben: Standard: schwarz; Special I und II: schwarz, goldbeige, mitternachtsblau, olivgrün; Sport: olivgrün, goldbeige. (USA: alle Farben und californiaweiß)

Detailänderungen:

Als die ganze Welt glaubte, Volvo hätte seine Buckel-Baureihe zugunsten des neuen Amazon-Modells eingestellt, präsentierte Volvo Ende August 1958 den Nachfolger PV 544. Statt das Volvo-Programm gegenüber dem teureren Amazon mit einer Neukonstruktion nach unten abzurunden, hatte man sich bei Volvo für die Modernisierung aus Kostengründen entschlossen, denn gegen die PV 444/544-Baureihe sprach eigentlich lediglich ihr Aussehen, in allen anderen Punkten — nicht zuletzt der Akzeptanz bei den Kunden — waren die Fahrzeuge aber in ihrer Klasse auf dem neuesten Stand. Und so hatte man für den PV 544 sich hauptsächlich die von den Kunden am meisten kritisierten Punkte vorgenommen, betrafen sie doch hauptsächlich die Übersichtlichkeit und die Platzverhältnisse der Karosserie.

Das Modell 544 erhielt eine ungeteilte gewölbte Panorama-Windschutzscheibe, deren Fläche fast um 1/4 größer war als beim Modell 444. Zur besseren Rundumsicht trug nicht zuletzt auch die Verjüngung der A-Säule und — durch die ungeteilte Panoramascheibe war das nun möglich — eine weitaus vergrößerte Wischfläche der Scheibenwischanlage bei, die nun endlich auch eine — nachrüstbare — elektrische Waschanlage hatte. Zudem wurde die Unterkante der Heckscheibe heruntergezogen, wodurch die Sicht zwar besser wurde,

Zweite Buckel-Generation: PV 544 A.

aber immer noch miserabel blieb (rückwärts Einparken blieb Gefühlssache).

Geteilte Meinungen herrschten über die neuen Heckleuchten, die im Vergleich zu den zierlichen Lucas-Lampen des Vorgängermodells richtig klobig wirkten, aber das ließ sich aus Sicherheitsgründen nicht vermeiden, waren doch nun Reflektoren integriert worden und durch die Größe eine erheblich bessere Lichtausbeute möglich.

Begeisternd: Dame mit Buckel.

Auch der Innenraum war gründlich — à là Amazon — modernisiert worden, wodurch nun auch die 5 in der Modellbezeichnung für fünfsitzig möglich wurde. Man hatte nämlich die Rücksitze seitlich in die Karosserie gezogen, wodurch die Sitzfläche ganze 17 cm breiter wurde. Zur weiteren Bequemlichkeit der hinteren Passagiere hatte man die Rückenlehnen der Vordersitze schmaler gemacht, wodurch der Knieraum sich vergrößerte. Das Armaturenbrett war — ganz Amazon — nun gepolstert und hatte einen Bandtachometer. Ebenso war das Lenkrad neu gestaltet worden. Der Hauptunterschied zum Amazon bestand im Handschuhfach, das man beim P 1200 aus Platzgründen nicht hatte unterbringen können.

Endlich hatte man auch die Handbremse auf dem Kardantunnel plaziert, statt wie vorher unter dem Armaturenbrett.

Gab es beim 444-Modell nur zwei Grundmodelle (Standard und Special), so wurde die Angebotspalette nun auf vier Varianten erweitert:

Das Standard-Modell gab es nach wie vor nur in schwarz, besaß einen 60 PS B 16 A-Motor, ein Dreiganggetriebe und kostete ungefähr das gleiche wie sein Vorgängermodell.

Dem alten Special-Modell entsprach nun die Special I Variante, die u. a. folgende Sonderausstattung besaß: hintere Ausstellfenster, Sonnenblende auf beiden Seiten, Hoch- und Tiefton-Horn, Zigarettenanzünder, Zierleisten auch auf den Kotflügeln und als Fensterrahmen bei Front- und Heckscheibe sowie eine bessere Stoffqualität der Innenausstattung.

Das Special II-Modell war bis auf das Vierganggetriebe mit dem Special I identisch und besaß in den USA den B 16 D-Motor.

Das Sport-Modell schließlich besaß den 85 PS starken Exportmotor, den es bisher in Schweden nur für die Polizei gegeben hatte. Dieser mit zwei SU-Vergasern bestückte Motor begründete Volvos Ruhm im Motorsport, denn zu seiner Zeit gab es in dieser Klasse nichts Vergleichbares. Hinzu kam, daß Volvo mit 85 SAE-PS (ca. 76 DIN-PS) die Leistung innerhalb der zulässigen Produktionsstreuung eher an der unteren Grenze angesiedelt hatte, weshalb von den chancenlosen Konkurrenten oftmals behauptet wurde, die B 16 B-Motoren würden schon ab Werk getunt. Denn die Leistung kam eher an die 90 SAE-PS-Grenze (ca. 80 DIN-PS). Hintergrund dafür dürfte gewesen sein, auf dem US-Markt mit der damals magischen 100 mph-Grenze glänzen zu können.

Die Sportmodelle besaßen zudem eine noch umfangreichere Ausstattung: elektrischer Scheibenwascher, vordere Sicherheitsgurte serienmäßig, Lichthupe, Tageskilometerzähler und Schmutzfänger.

Der Bandtacho des 544 folgte einem Modetrend.

Den erhöhten Fahrressourcen hatte man bei Volvo durch eine neue Bremsanlage mit Duo-Servo-Wirkung Rechnung getragen.

Das 544-A-Modell wurde begeistert aufgenommen und kein anderes Modell erreichte eine solche Stückzahl: In den zwei Jahren, in denen es gebaut wurde, liefen fast 100 000 Stück vom Band.

Konkurrent aus den eigenen Reihen: neuer Amazon mit Buckel.

PV 544 B Sport von 1960, also mit dem 85 PS leistenden B-16-B-Motor.

Modell: PV 544 B: Standard, Special I und II, Sport
Bauzeitraum: 1960–1961
Anzahl: 34 600
Fahrgestellnummer: 295 500–330 099
Motor: B 16 A, B 16 B und B 16 D
Lieferbare Farben: Standard: schwarz; Special I: schwarz, mitternachtsblau, pastellgrau;Spezial II: schieferblau, olivgrün, pastellgrau; Sport: rubinrot, olivgrün. USA: alle Farben und californiaweiß

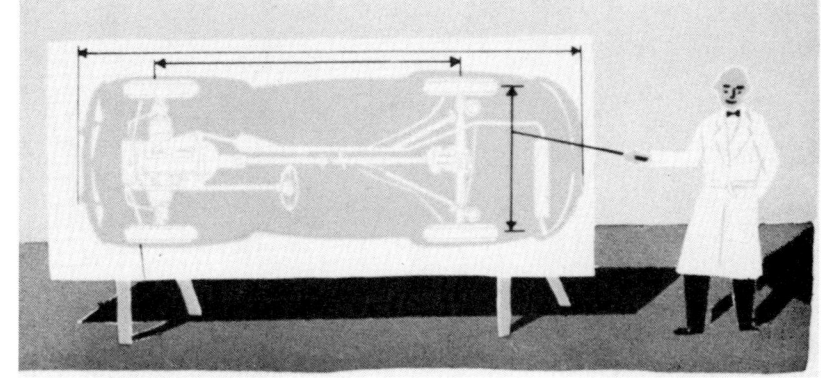

Originell: Mit dieser kleinen Zeichnung wird in der PV-544-A-Betriebsanleitung die Rubrik „Technische Daten" eingeleitet!

Sportliches Auto mit wenig sportlichen Instrumenten: 544 B.

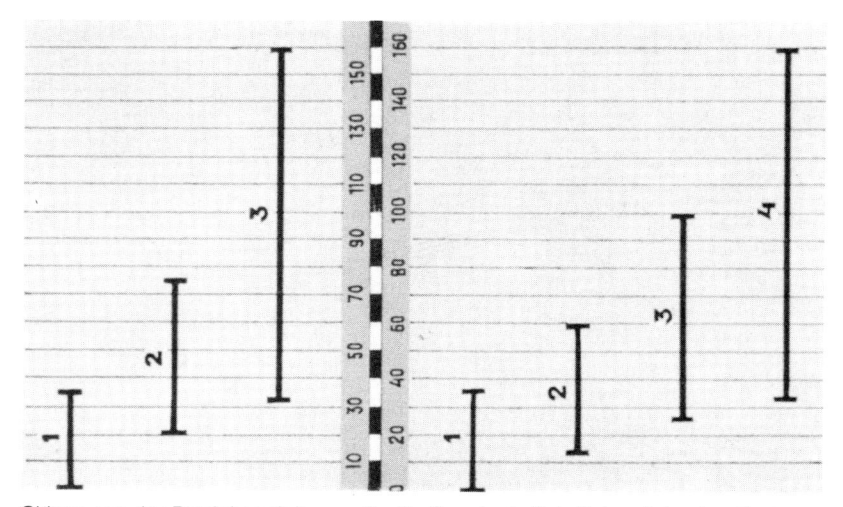

Skizze aus der Betriebsanleitung, die die Geschwindigkeitsbereiche des Dreigang- und des Viergang-Getriebes veranschaulicht.

Detailänderungen:

Die Neuauflage des so erfolgreichen 544 A-Modells hieß logischerweise B und erhielt kaum Änderungen. Am sichtbarsten war die Einführung der Lichthupe in allen Modellen und die veränderte Formgebung der Frontsitze, die für besseren Seitenhalt in schnell gefahrenen Kurven sorgen sollte. Damit man sie schnell fahren konnte, wurden neue Getriebe eingeführt, deren größter Vorzug darin bestand, daß nun endlich alle Gänge synchronisiert waren, denn das hatte die Käufer wohl am meisten gestört, daß man bei Volvo immer noch am antiquierten unsynchronisierten 1. Gang festgehalten hatte, wodurch z.B. das Fahren im Stop-and-Go-Verkehr zur Qual werden konnte. Am bemerkenswertesten war die Einführung der rubinroten Lackierung beim Sportmodell. Diese Sportmodelle wurden nämlich fast sofort zum Synonym für die schnellen Volvos.

Modell: PV 544 C: Favorit, Special und Sport
Bauzeitraum: 1961 – 1962
Anzahl: 37 900
Fahrgestellnummer: 330 100 – 367 999
Motor: B 18 A und B 18 D
Lieferbare Farben: Favorit: schwarz, pastellgrau; Special: rehbraun, nebelgrün, schieferblau, pastellgrau; Sport: rehbraun, nebelgrün, schieferblau, rubinrot, weiß

Detailänderungen:

Mit dem C-Modell kamen die umfangreichsten Modernisierungen der gesamten 544-Baureihe. Sie wurden hauptsächlich aus Gründen der Standardisierung zum Amazon-Modell und dem neuen P 1800 Sportwagen vorgenommen.

Einheitlich erhielt nun die gesamte Volvo-Flotte den Sportwagenmotor B 18, der als B 18 A-Motor 75 PS und als Sportmotor 90 PS im PV 544 leistete. Der B 18-Motor war mit seiner fünffach gelagerten Kurbelwelle und Hauptstromölfilter eine komplette Neukonstruktion. Hierdurch wurde die Vergrößerung der Kühlfläche des Wärmeaustauschers und gleichzeitig eine Veränderung der Frontmaske nötig, damit man überhaupt den neuen Kühler unterbringen konnte. Zudem verbesserte man die Vorderachse und Lenkung und stellte die gesamte Elektrik bei allen Typen auf 12 Volt um. Asymmetrische Scheinwerfer wurden serienmäßig und im Innenraum wurden neue Griffe eingeführt und, den neuen Motorleistungen Rechnung tragend, ging die Geschwindigkeitsanzeige bis 180 km/h.

Volvo-family — mit Pick-Up im Vordergrund.　　Heckansichten ▼　　Schwedischer Traum: P 1900 in den Schären. ▶

Um die neuen Modelle auch optisch erkennbar zu machen, erhielten sie vorn auf dem weitmaschiger gewordenen Kühlergrill und hinten auf der Kofferraumhaube einen rot unterlegten B 18-Schriftzug.

Die beiden früheren Modellvarianten Standard und Special I wurden nun im Modell Favorit zusammengefaßt, das es, erstmals für das Grundmodell, außer in schwarz auch in pastellgrau gab. Die Standardausrüstung umfaßte nun auch serienmäßig Sicherheitsgurte vorn und eine elektrische Scheibenwaschanlage. Das Favorit-Modell hatte ein Dreiganggetriebe.

Das frühere Special II Ausstattungspaket hieß nun nurmehr Special. Zudem gab es das Sportmodell.

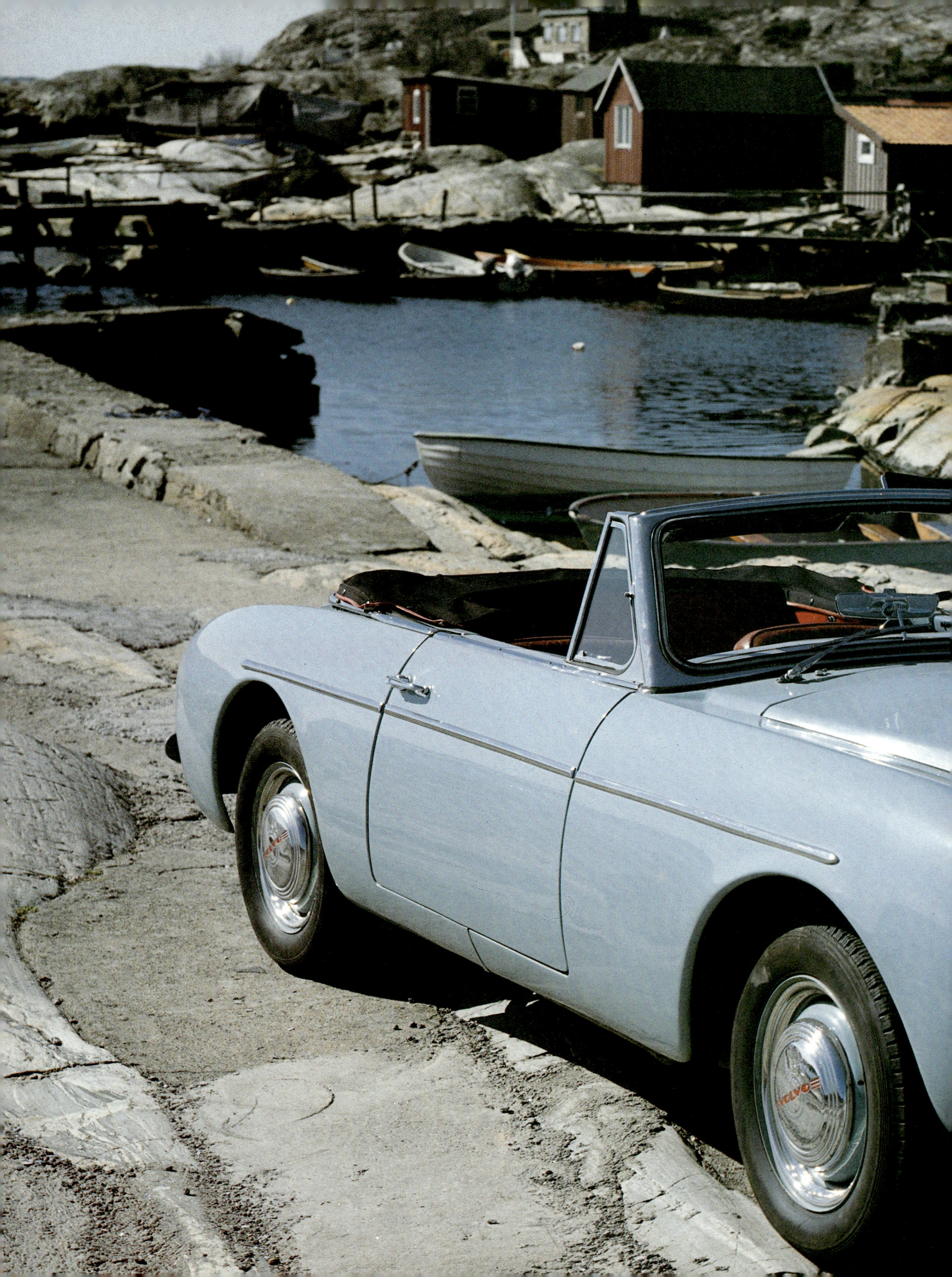
VOLVO

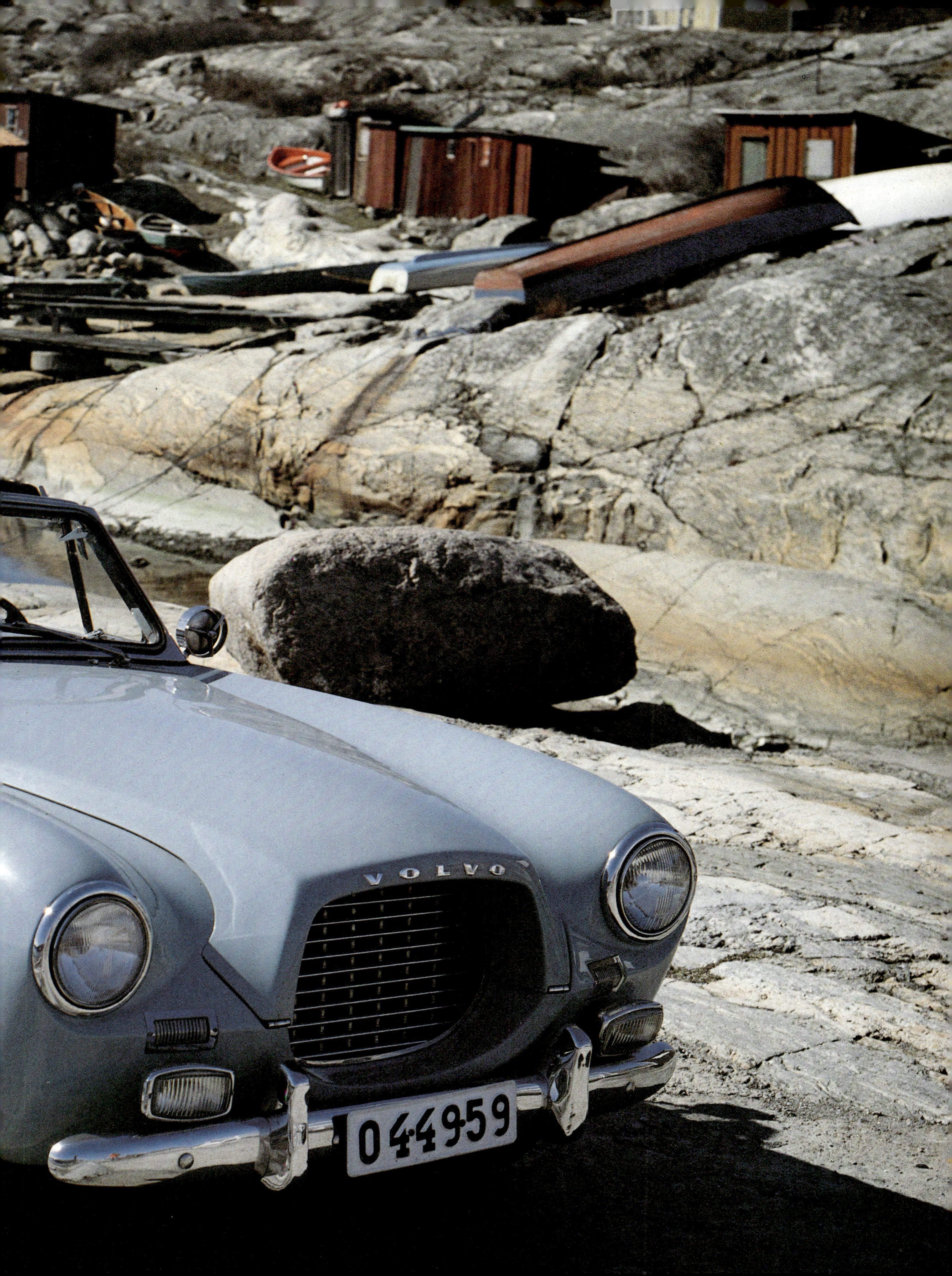
VOLVO
O 44959

Modell: PV 544 D: Favorit, Special und Sport
Bauzeitraum: 1962–1963
Anzahl: 27100
Fahrgestellnummer: 368 000–395 099
Motor: B 18 A und B 18 D
Lieferbare Farben: Favorit: schwarz, perlweiß; Special: rehbraun, nebelgrün, schieferblau, perlweiß, grafitgrau; Sport: rehbraun, nebelgrün, schieferblau, perlweiß, grafitgrau, kirschrot.

Detailänderungen:

Die Änderungen waren gering: Einheitlich erhielten alle Buckel-Modelle die Amazonradkappen (mit dem roten Kreis in der Mitte mit großem erhabenem V) und zum besseren Rostschutz wurden die Hohlräume mit Korrosionsschutzöl ausgesprüht. Zudem wurde die Farbpalette erweitert.

Das D-Modell unterschied sich durch andere Felgen mit neuen Radkappen sowie durch modernere Embleme von seinen Vorgängern.

Modell: PV 544 E: Favorit, Special und Sport
Bauzeitraum: 1963–1964
Anzahl: 24 200
Fahrgestellnummer: 395 100 – 419 299
Motor: B 18 A und B 18 D
Lieferbare Farben: Standard: schwarz, perlweiß, grafitgrau; Special: perlweiß, grafitgrau, goldbeige, blaugrün; Sport: perlweiß, grafitgrau, goldbeige, blaugrün, kirschrot

Detailänderungen:

Im August 1963 wurde nach den Werksferien die Produktion des E-Modells aufgenommen, das gegenüber seinem Vorläufer nur geringe Modifikationen aufwies: Die Kontrollampen im nunmehr grün beleuchteten Tachometer waren vergrößert worden und ein neuer perforierter Innenhimmel aus kunststoffbeschichtetem Material ging in Serie.

Seit dem D-Modell verfügte auch der Buckel über die hübschen Radkappen, die ein silbernes „V" auf kleinem roten Feld zeigen.

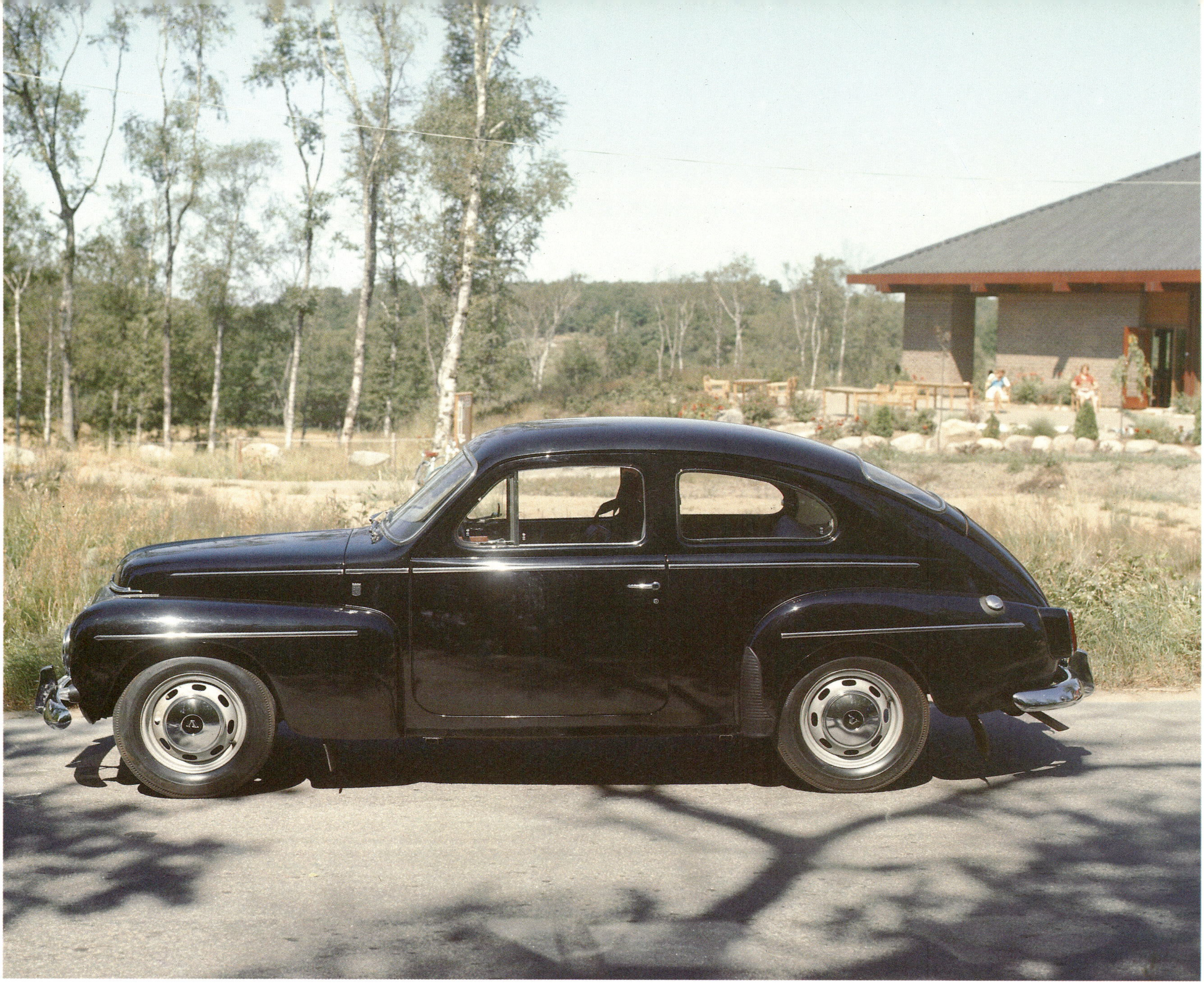

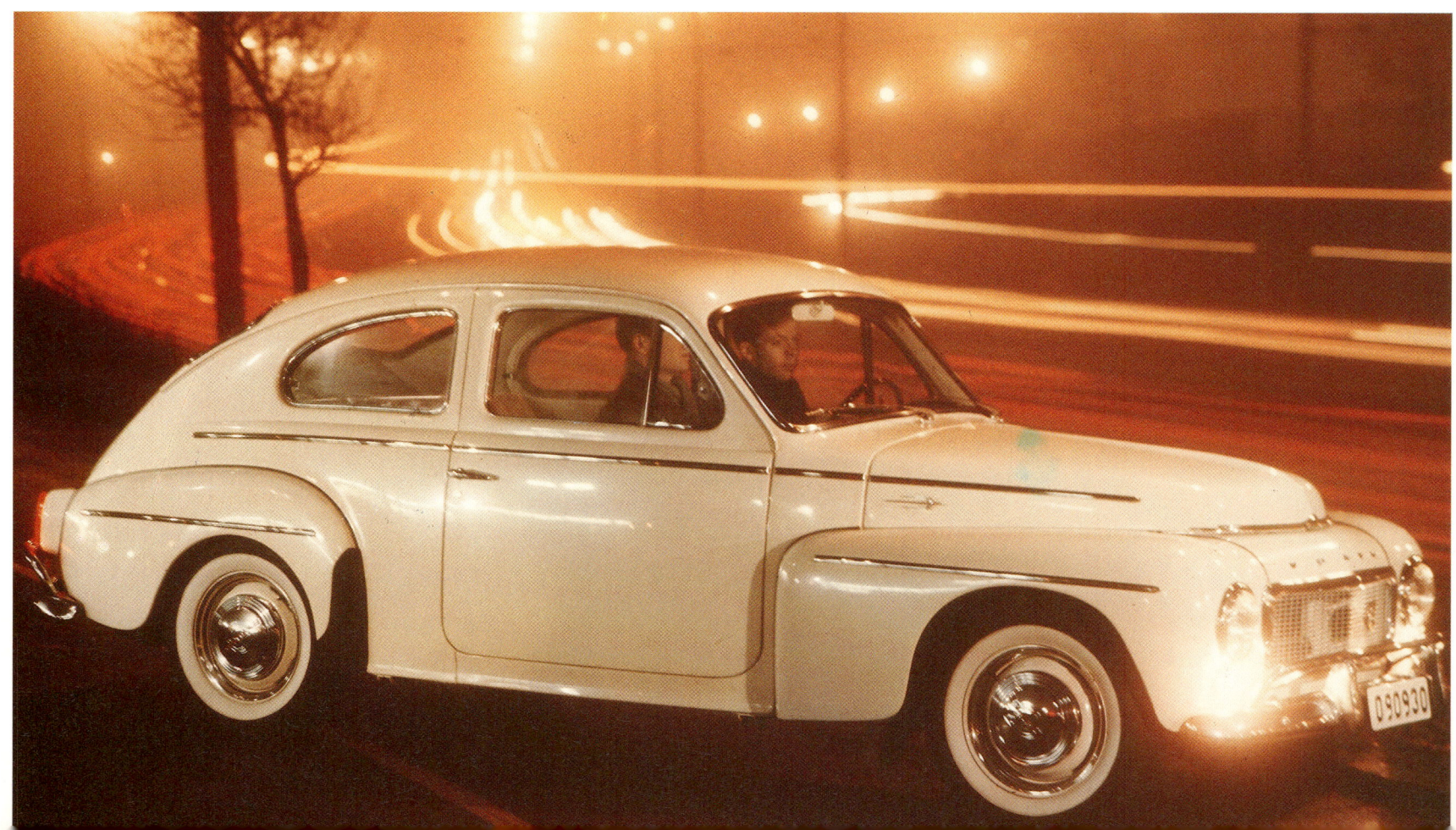

Abgesang: Mit dem G-Modell trat der Buckel zu seiner letzten Runde an.

PV 544 C — zu erkennen am roten B 18-Schriftzug im Kühlergrill.

Der schwarze Buckel steht heute im Volvo-Museum.

Modell: PV 544 F: Favorit, Special und Sport
Bauzeitraum: 1964–1965
Anzahl: 17300
Fahrgestellnummer: 419300–436599
Motor: B18A und B18D
Lieferbare Farben: Standard: grafitgrau; Special: perlweiß, grafitgrau, hellblau, dunkelblau; Sport: perlweiß, grafitgrau, hellblau, dunkelblau, kirschrot

Detailänderungen:

Einzige sichtbare Änderung am F-Modell war, als man im August 1964 die Produktion aufnahm, die vom Amazon-Modell übernommenen Räder mitsamt den Radkappen. Die Räder deutscher Provenienz besaßen nun Kühllöcher (Lochfelgen). Die neuen Radkappen waren aus nichtrostendem Material gearbeitet und besaßen in ihrer Mitte einen schwarzen Kreis mit erhabenem V.

Das Standard-Modell vom 544, zu erkennen am fehlenden Kotflügel- und Windschutzscheiben-Chrom.

PV 544 F von 1964.

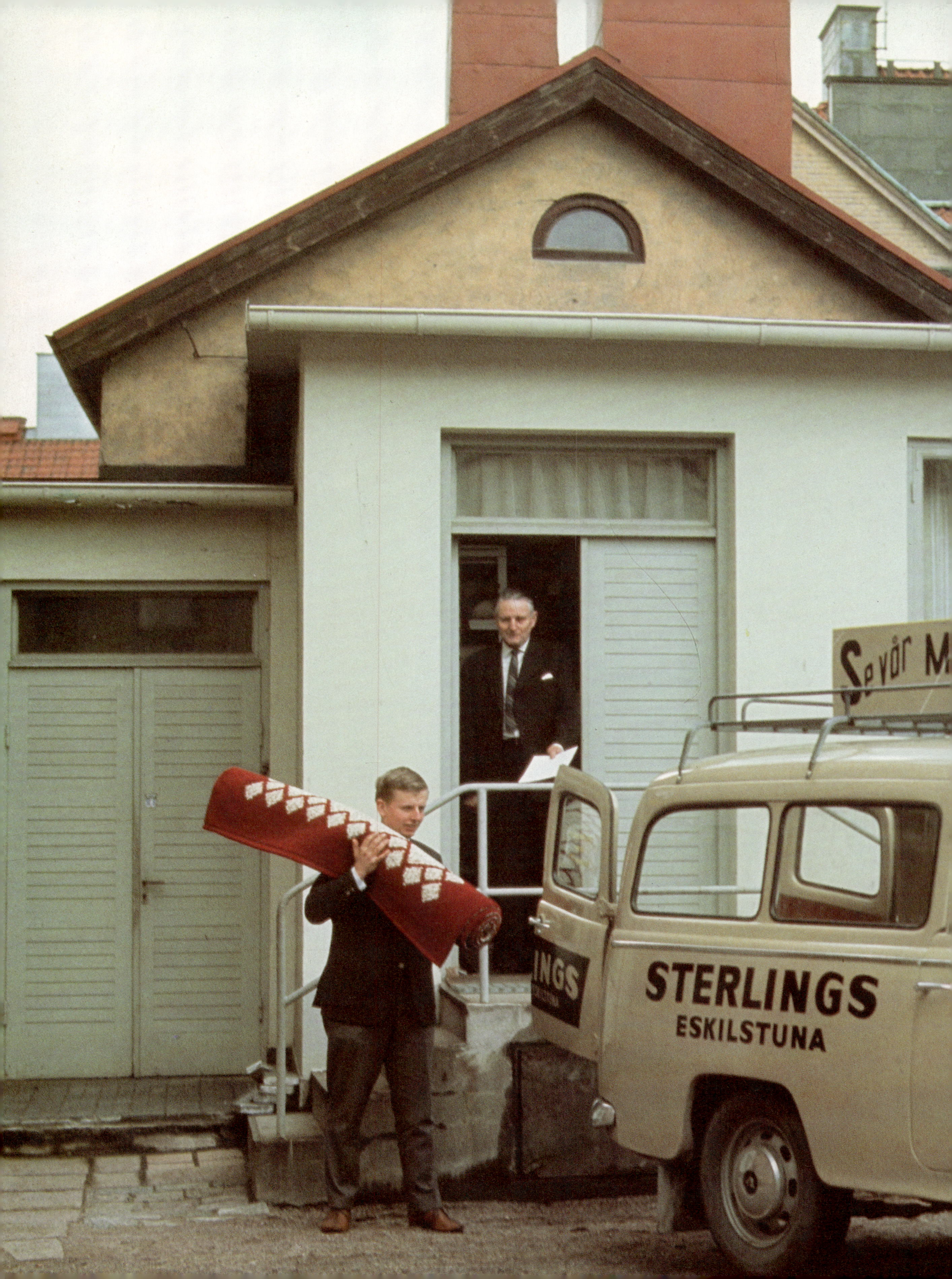

Se vår M
INGS
STERLINGS
ESKILSTUNA

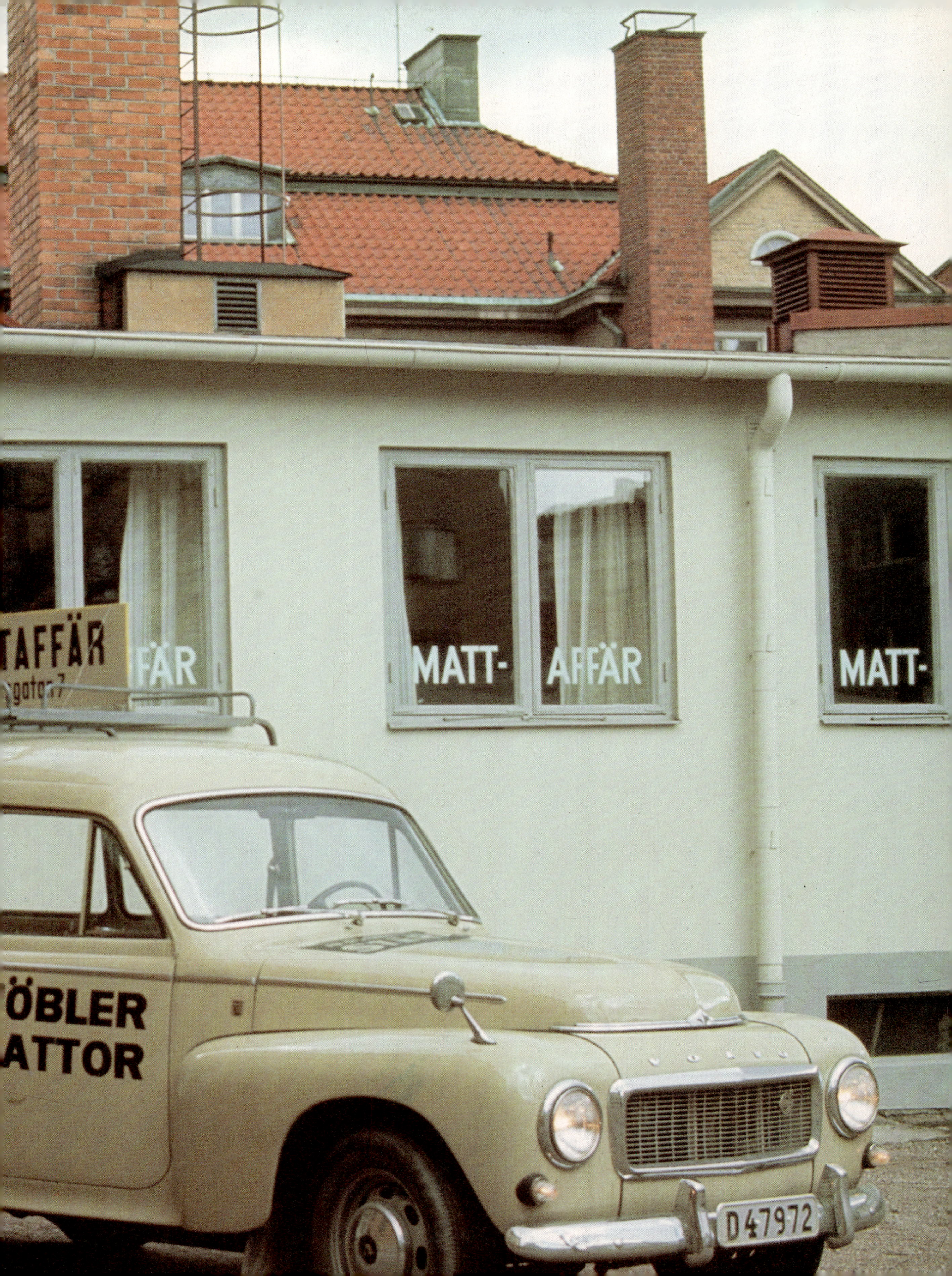
TAFFÄR
FÄR
MATT-
AFFÄR
MATT-
ÖBLER
ATTOR
D 47972

Modell: PV 544 G: Favorit, Special und Sport
Bauzeitraum: 1965
Anzahl: 3 400
Fahrgestellnummer: 436 600 – 440 000
Motor: B 18 A und B 18 D
Lieferbare Farben: Standard: grafitgrau; Special: perlweiß, grafitgrau, hellblau, dunkelblau; Sport: perlweiß, grafitgrau, hellblau, dunkelblau, kirschrot sowie ein Fahrzeug mit der Fahrgestellnummer 440 000 in schwarz

Detailänderungen:

Als G-Modell ging Volvos Buckliger in seine letzte Runde. Einzig verändert wurde – parallel zum Amazonmodell – die Motorleistung, die beim Sportmodell durch höhere Kompression um 5 PS auf 95 SAE-PS anstieg. Das G-Modell wurde nur noch wenige Monate, von August 1965 bis Oktober 1965, gebaut. Dann wurde die Produktion am 20. Oktober 1965 eingestellt. Das letzte Fahrzeug, das vom Band lief, war ein schwarzes Sportmodell mit der runden (symbolträchtigen) Fahrgestellnummer 440 000.

Buckel im Hauptwaschgang. Ob er dabei einläuft?

Buckel Cabrios

Viele Buckel-Cabrios hatten den Vorteil, über vier Sitze zu verfügen.

Traum jeden Buckel-Fans: ein Cabrio. ▶

Würde man 100 Buckel-Fans nach ihrem absoluten Traumauto fragen – der vermutlich allergrößte Teil würde spontan das PV 445 Cabrio nennen!

Ähnlich etwa der Firma Deutsch in Köln, die sich auf die Herstellung von Ford Cabrios spezialisiert hatte, gab es auch in Schweden einige Spezialisten, die den Buckel „aufmachten". Allerdings hatten sie es leichter als ihre deutschen Kollegen, die sich mit selbsttragenden Konstruktionen herumärgern mußten, denn sie konnten das fix und fertige PV 445-Fahrgestell zum Ausgangspunkt ihrer Bemühungen machen. Nicht ganz zufällig fuhren einige dieser Betriebe zweigleisig und karossierten sowohl Nutzfahrzeuge als auch Cabrios, widmeten sich also gleichermaßen der Arbeit wie dem Vergnügen.

Die bekannteste Firma war Valbo in Gävle, wo die meisten offenen Buckel hergestellt wurden; da diese Autos auf dem Rahmen des 445 basierten, ist die Bezeichnung Buckel-Cabrio strenggenommen nicht ganz richtig; es müßte eigentlich Duett-Cabrio heißen (was aber irgendwie merkwürdig klingt: ein Kombi als Cabriolet?).

Für Valbo jedenfalls gilt, was schon für Grantorpet in Västervik gesagt wurde: Trotz der Automatisierung bestimmter Produktionsabläufe wurde auch hier weitgehend nach handwerklichen Gesichtspunkten gearbeitet – was wohl der Qualität, nicht aber dem Preis (jedenfalls vom Blickwinkel des Käufers aus!) diente. Auch waren hohe Stückzahlen so nicht zu erzielen, zumal der 70 Mitarbeiter umfassende Betrieb in erster Linie Kombis baute.

Ein 445 Cabriolet ist also eine Rarität – und eine, die sich wegen ihrer aufwendigen Bauweise mit Holzrahmen usw. (auch hier gilt, was von den Grip-Karossen gesagt wurde) nur schwer restaurieren läßt.

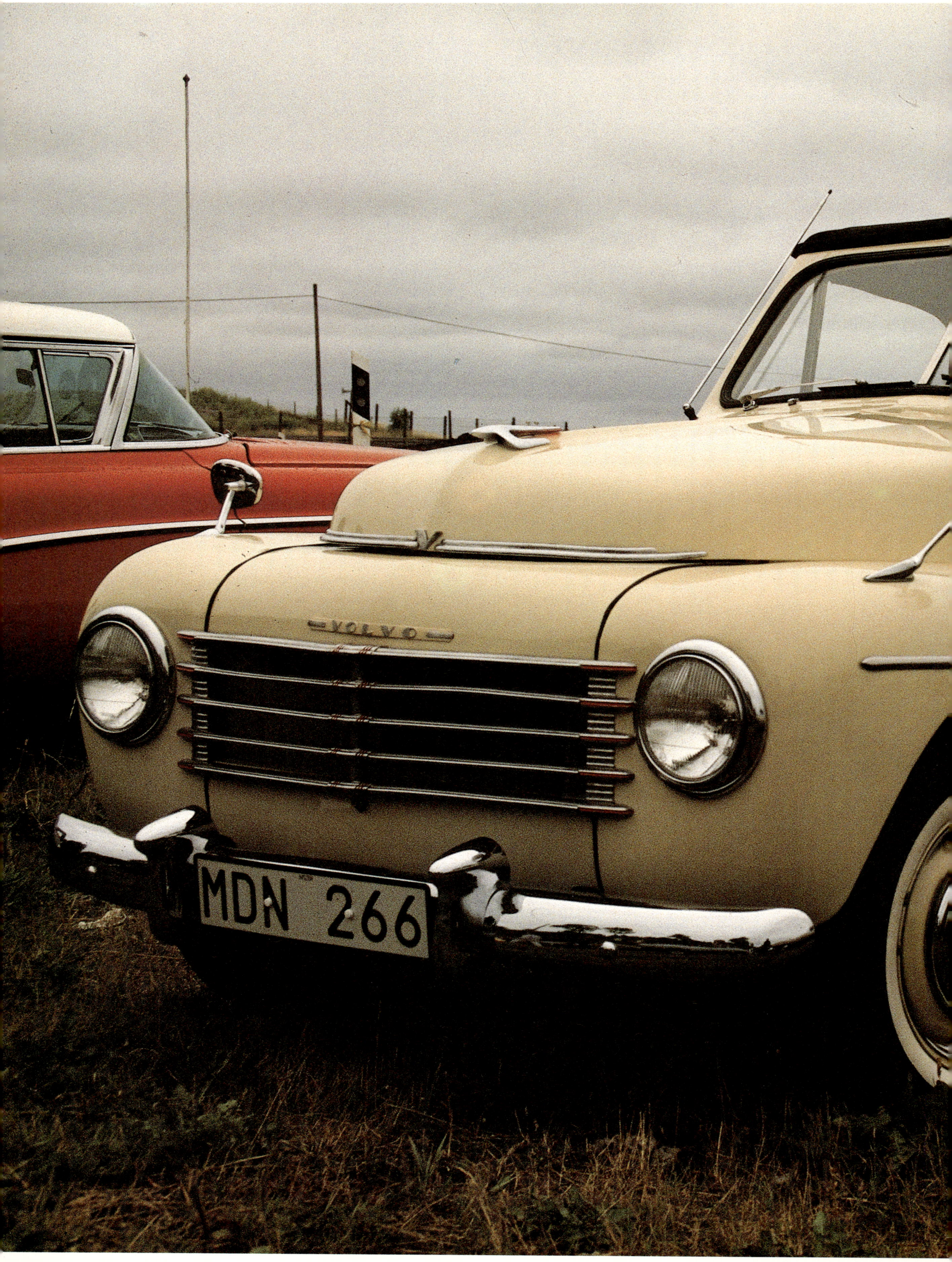
VOLVO
MDN 266

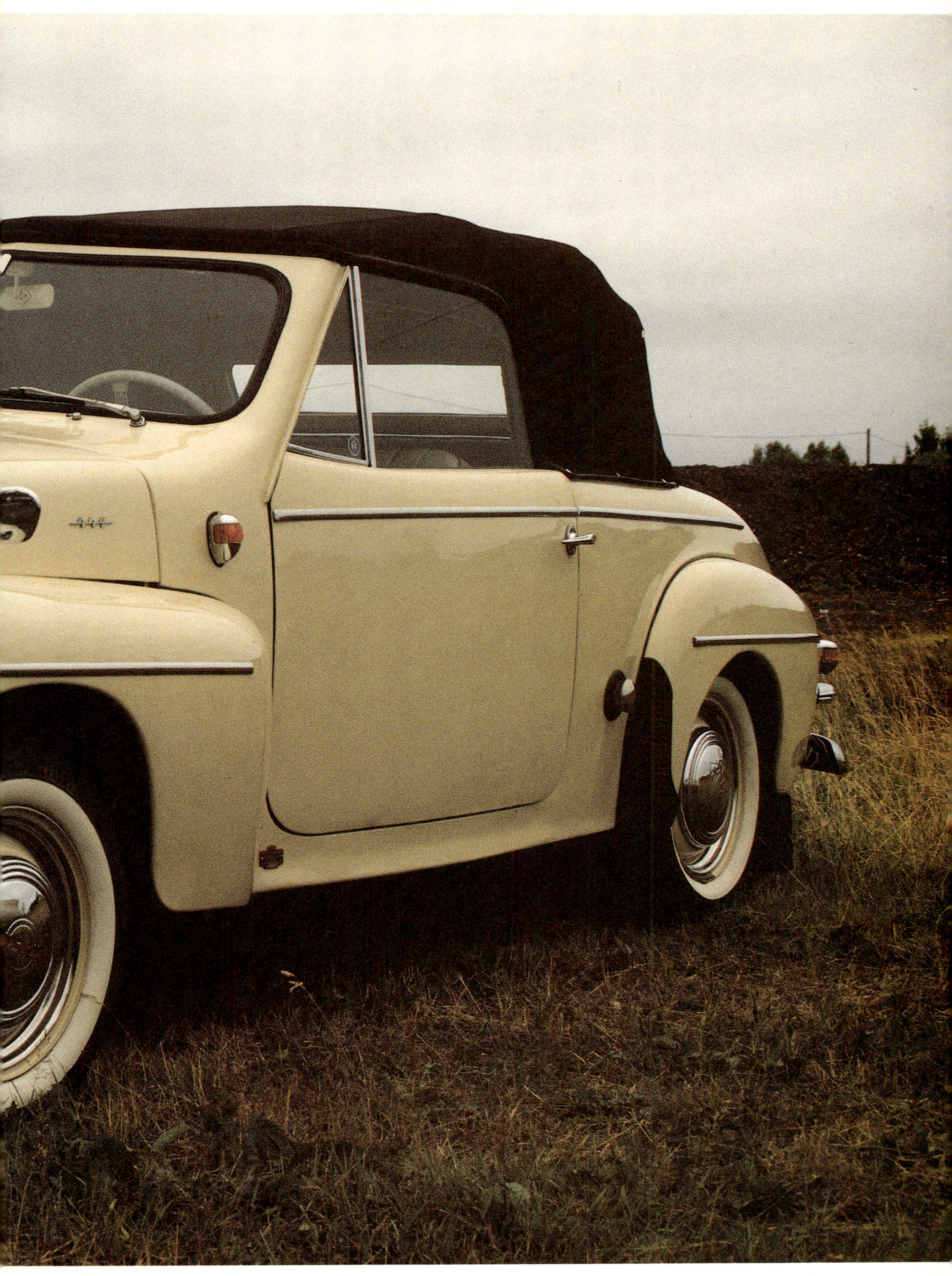

Die Sicht nach hinten: mangelhaft!

Emblem von Valbo Karosseriverkstad.

Rolf Thomasson etwa, einer der wenigen glücklichen Cabrio-Besitzer, hat sich mit der dabei auftauchenden Problematik gründlich beschäftigt. Beispielsweise werden die hinteren Kotflügel direkt mit dem Holzrahmen verschraubt — was nur bei allergrößter Paßgenauigkeit funktioniert!

Für viele Teile ist Ersatz heute natürlich nicht mehr erhältlich — wie für den großen Kofferdeckel etwa. Ist er beschädigt, bleibt dem Restaurator nur die Möglichkeit des mühsamen Wiederaufbaus — oder der extrem teuren Nachfertigung.

Ein anderer Problemfall ist das Verdeck, dessen Stoffbezug zwar schöner, aber auch anfälliger als schnödes Plastik ist. Conny Björkman, Besitzer des hier vorgestellten wunderschönen Cabrios, hat viel Zeit für die Instandsetzung gerade des Bezugs verwandt — ohne so recht zu wissen, ob anschließend alles richtig passen würde! Was es natürlich tat!

Abgesehen davon ist das Verdeck eine beachtliche Konstruktion. Es läßt sich mühelos auf- und zuklappen, ist absolut wind- und wasserdicht und kann vollständig in der Karosserie verstaut werden. Einziger Kritikpunkt: Hochgeklappt schränkt es wegen seiner minimalen Fensterfläche die Sicht stark ein und vermittelt den Passagieren den Eindruck, in einer Höhle zu sitzen.

Dafür finden vier Personen im Valbo-Cabrio Platz — wenngleich die „Hintersassen" mit knappem Fuß- und

Noch seltener als das Volvo-Cabrio von Valbo ist dieses Auto — vermutlich ein von Nordberg/Stockholm gebauter Wagen.

▲Bei dem hier gezeigten Wagen handelt es sich um ein Valbo-Cabrio, Besitz eines schwedischen Liebhabers befindet.

Mit geschlossenem Verdeck geht viel von der eleganten Linie verloren. ▼

Kopfraum sowie einer Bank mit steil stehender Lehne vorlieb nehmen müssen. Was sich bei der liebevoll zurecht gemachten Innenausstattung verschmerzen läßt.

Übrigens betrieb auch Valbo so etwas wie Modell-Pflege und nahm kontinuierlich Detail-Modifikationen vor. So präsentierte sich die erste Cabrio-Serie noch ohne seitliche Dreiecks-Fenster und mit Winker, was beides später geändert wurde (allerdings ließen sich die kleinen Seitenfenster nie ausstellen!).

Viele Buckel-Freunde, die von einem Valbo-Cabrio träumen, kennen möglicherweise die Schöpfung der in Stockholm ansässigen Firma Nordberg nicht. Dort entstanden mindestens zwei Cabrios, die noch eleganter als ihre Konkurrenten von Valbo waren; Nordberg begnügte sich nämlich nicht damit, die Buckel-Karosse in ein Cabrio umzuwandeln, sondern änderte die gesamte Linienführung — indem sich die vorderen Kotflügel in der Tür und dem Seitenteil fortsetzten und in den Schwung der hinteren Kotflügel übergingen. Auch das Heck wurde ein Stück verlängert, wodurch der Eindruck von gestreckter Eleganz entstand.

Wem jetzt der Mund auf einen offenen Buckel wässrig gemacht wurde und wer einen in natura sehen möchte, muß leider weit reisen: Unseres Wissen gibt es in der Bundesrepublik kein einziges originales Exemplar dieser seltenen Gattung. Eine Fahrt zu einem schwedischen Treffen wird also unvermeidlich sein!

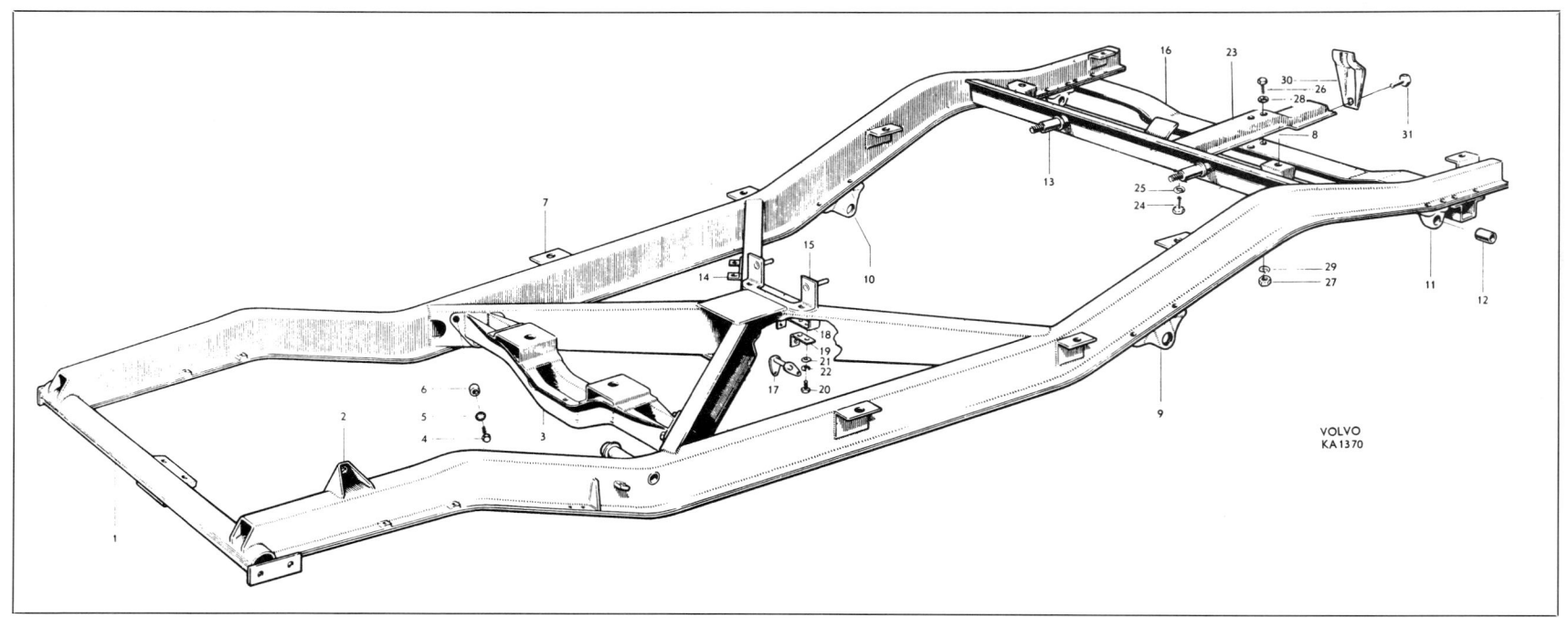

Ausgesprochen robust: Das Duett Fahrgestell

Wie alle übrigen Sonder-Aufbauten profitierten auch die Buckel-Cabrios vom robusten Duett-Rahmen.

Prototypen

Kein ganz ernst gemeinter Vorschlag: PV 644.

In der Entwicklungsgeschichte des Buckels wurde dargestellt, wie seine Form entstand; darauf soll deshalb hier nicht eingegangen werden.

Aber wie stellte sich Volvo die Zukunft seines rundlichen Mobils vor — wenn man ihm überhaupt eine einräumte?

Betrachten wir einmal die Situation, wie sie sich etwa 1955 für das schwedische Unternehmen darstellte. Das Volvo-Programm umfaßte zu diesem Zeitpunkt vier aus kaufmännischer Sicht sehr unterschiedliche Autos: den PV 444, den Duett, den PV 830 und den 1900, wobei sich der Buckel nicht nur in Schweden hervorragend verkaufte, sondern für Volvo so etwas wie der Schlüssel zu den Exportmärkten werden konnte. Ein ähnlicher Schlager versprach der Duett zu werden, während der P 1900 schon damals als Mißerfolg feststand.

Also würde man in Göteborg weiter auf den PV setzen, mußte aber aufpassen: Schließlich wurde das Auto 1955 bereits mehrere Jahre gebaut. Aus diesen Überlegungen ergaben sich für Volvo mehrere Alternativen:
1. Ein neues, größeres Modell auf den Markt bringen, das neben einem im Detail verbesserten Buckel gebaut würde;
2. mit Einführung dieses Neulings den Buckel ersatzlos aus dem Programm streichen oder
3. durch einen kleineren Nachfolger ersetzen;
4. am PV-Konzept festzuhalten und den Wagen, entsprechend überarbeitet, als (alleiniges) Modell weiterzubauen.

Heute wissen wir, daß sich Volvo für die erste Möglichkeit entschied und dem damaligen PV 444 als Neuling den Amazon zur Seite stellte.

Die Entwicklung dieses neuen Modells soll hier nicht interessieren — wohl aber jene Gedanken, die man sich in Göteborg zu Punkt 4. — Weiterentwicklung des PV-Konzepts — machte.

Dabei ging man fast immer von Überlegungen aus, die den Buckel weitgehend in seiner aktuellen Form beließen — letztendlich war das Auto noch immer auf der Höhe der Zeit (sieht man einmal von der sich immer mehr durchsetzenden Ponton-Karosserie ab); andere, etwa gleichzeitig mit dem PV entworfene Modelle wie der Morris Minor oder der Saab 92 (samt Nachfahren) sollten auch noch eine lange Karriere vor sich haben (von VW Käfer und Citroën 2 CV gar nicht zu reden!).

Nun entstehen in jeder Autofabrik fast ununterbrochen irgendwelche Studien zu bestehenden Modellen, von

P 179 von Jan Wilsgaard, Margaret Rose genannt.

denen die meisten nicht einmal über das Zeichenbrett-Stadium hinauskommen und fast nie in die Öffentlichkeit gelangen.

Ebenso selten wird an die Realisierung eines solchen Vorschlages gedacht, höchstens einmal fließen bestimmte, dabei gefundene Ideen in die spätere Serienfertigung ein.

Erfolgt die Umsetzung eines derartigen „Zeichenbrett-Entwurfs" in ein Modell aus Holz oder Ton (etwa im Maßstab 1:5 oder 1:10), so läßt das zumindest auf ein gewisses Interesse schließen.

Wird dann noch ein Modell im Maßstab 1:1 ausgeführt, ist die Sache wirklich ernst.

Dann bleibt als letzter Schritt die Fertigung eines fahrbereiten Prototyps, auch wenn natürlich noch in diesem Stadium das Projekt verworfen werden kann.

Aus dieser Vorgehensweise lassen sich also bestimmte Schlüsse hinsichtlich der Verwirklichungschancen einzelner Entwürfe ziehen. Jener viertürige PV 444, der sozusagen als Fotomontage auf dem Papier entstand, war wohl nicht mehr als bloße Gedankenspielerei.

Das gilt auch für solche Buckels, die in den frühen fünfziger Jahren von der Design-Abteilung neue Nasen bekommen hatten — vielleicht, um Platz für einen größeren Motor zu schaffen? Jedenfalls wurde das Auto durch jenen Kühlergrill, der stark an den des P 1900 erinnerte, nicht attraktiver (und sollte so wohl auch nicht gebaut werden). Immerhin tauchte die Form dieses Grills bei zahlreichen Volvo-Studien dieser Zeit wieder auf und findet sich, leicht abgewandelt, beim 164 wieder.

Der erste ernstzunehmende Versuch, das Buckel-Thema zu variieren — das heißt zu modernisieren —,

Jan Wilsgaards zweiter Versuch — 55 gecodet und einer Linienführung, die sich sehen lassen konnte.

Kam später beim 164: der rechteckige Kühlergrill.

erfolgte 1952 und trug den offiziellen Code P 179, wurde aber schon bald Margaret Rose genannt.

P 179 war die Schöpfung von Jan Wilsgaard, Volvos jugendlichem Design-Chef, und entstand auf ausdrücklichen Wunsch von Assar Gabrielsson und Gustaf Larson. Die beiden „Volvo-Väter" hatten Wilsgaard vorgegeben, die rundliche Dachpartie des PV 444 als Stilmerkmal seines neuen Entwurfs zu übernehmen – was dieser getan hatte.

Ohne damit dem Resultat seiner Bemühungen zu dienen.

Anders als die meisten anderen Vorschläge durchlief P 179 nämlich zügig die einzelnen Entwicklungsstufen – vom Zeichenbrett zum Modell im Maßstab 1:1 – und konnte schon kurze Zeit später als fahrtüchtiges Auto der Volvo-Spitze präsentiert werden.

Es wurde sehr unterschiedlich aufgenommen.

Wilsgaard hatte, den Zeichen der Zeit folgend, eine Art Ponton-Karosse geschaffen, deren an sich fließende Linien durch ein unmotiviert großes Kühlergrill und ein im Verhältnis zum recht wuchtigen Unterbau zu grazil wirkendes Dach gestört wurden. Das wußte offenbar auch Wilsgaard selbst, denn er experimentierte lange mit unterschiedlichen Zweifarben-Lackierungen. Beispielsweise hatte er die nach Studebaker-Art eingekerbten Wagen-Flanken mit dunkler Farbe optisch hervorgehoben, um so die Form aufzulockern und harmonischer zu machen.

Letztendlich aber war die Wahl auf eine herkömmliche Kombination – ein dunkles Dach, hell abgesetzter Unterbau – gefallen und P 179 in dieser Aufmachung vorgestellt worden.

Rasch bildeten sich zwei Fraktionen. Während Assar Gabrielsson den Wagen mochte (und in dieser Meinung auch von dem unabhängigen Designer Helmer MasOlle unterstützt wurde), machte Helmer Petterson gegen Margaret Rose mobil: Zu schwer und zu groß für den PV-Motor, zu teuer in der Herstellung – und alles in allem nicht attraktiv genug.

Da Helmer Petterson nach wie vor großes Ansehen genoß, setzte seine Haltung sich am Ende durch – und

P 179 wurde zu den Akten gelegt. Immerhin waren mit dem Auto ausgiebige Testfahrten veranstaltet worden — eine endete mit einem doppelten Überschlag und anschließender Verschrottung von Margaret Roses traurigen Überresten —, wobei sich besonders die gegenüber der Buckel-Limousine modifizierte Hinterachs-Aufhängung bewährte. Es verwundert deshalb nur wenig, daß eine ähnliche Auslegung im späteren Amazon zum Einsatz kam.

Mit dem plötzlichen Tod dieses Projekts mußte man sich nach Ersatz umsehen. Er kam — und gleich in dreifacher Ausführung!

Da war einmal Helmer Petterson, der es nicht bei der bloßen Kritik an P 179 bewenden lassen wollte, sondern selbst einen Nachfolger für „seinen" Buckel entwarf.

Dem mochte Jan Wilsgaard nicht tatenlos zusehen — schließlich war er der Chef des Volvo-Design!

Und es gab noch den dritten Mann: Rustan Lange, bei Volvo eigentlich für die Gestaltung der Innenausstattungen zuständig, war von Gustaf Larson ermuntert worden, einen eigenen Vorschlag auszuarbeiten.

Womit man plötzlich die Qual der Wahl hatte!

Rustan Langes Entwurf erwies sich dabei von Anfang an als chancenlos. Seine mit der Code-Nummer 65 versehene Studie zeigte einen plumpen Zweitürer, dessen schwerfällige Linienführung an eine schlechte Kopie eines zeitgenössischen Nash-Rambler erinnerte.

Wesentlich besser gefallen konnte da Helmer Pettersons PV 454 genannter Vorschlag, der dem Idealbild eines modernisierten Buckels tatsächlich sehr nahe kam: die geteilte Frontscheibe, der Verlauf der Dachlinie, die angesetzten hinteren Kotflügel — all das entsprach bester PV-Traditon.

Auf der anderen Seite wirkte der Wagen zeitgemäß — dank einer überarbeiteten Frontpartie (die allerdings stark an den von Raymond Loewy entworfenen 1953er Studebaker Champion erinnerte), der in die Karosserie integrierten vorderen Kotflügel und einer flachen Motorhaube samt zweigeteiltem Kühlergrill.

Insgesamt eine beachtliche Arbeit also — was auch ihr Schöpfer, Helmer Petterson, fand. Er setzte bei Assar Gabrielsson, zu dem er ein ausgezeichnetes Verhältnis hatte, nicht nur den Bau eines fahrbereiten Prototyps durch, sondern ließ bei Svenska Stålpressning in Olofström mit dem Bau von Formen und Werkzeugen bereits Vorbereitungen für die Serienfertigung seiner Schöpfung treffen!

Und ging damit den entscheidenden Schritt zu weit: Gustaf Larson, mit dem Petterson nicht besonders gut klar kam, und einige andere Volvo-Direktoren stoppten verärgert diese Aktivitäten und schlugen statt dessen eine Art „Kampfabstimmung" über alle drei Entwürfe vor.

Mit Erfolg. Bei dem mit Spannung erwarteten Ereignis, das 1953 stattfand, ging Jan Wilsgaard als Sieger her-

Der Entwurf von Helmer Pettersson — PV 454 — hätte wirklich eine Alternative sein können.

Wie sich Rustan Lange einen neuen Volvo vorstellte — unter der Code-Nummer 65.

Vorbereitungen zum Werbefoto. ▶

vor. Wenn auch nicht ganz in der erwarteten Art und Weise, denn man sprach mehr oder weniger seinem Talent das Vertrauen aus, nicht unbedingt dagegen seinem Entwurf.

Und das, obwohl sich 55 — so die interne Bezeichnung — durchaus sehen lassen konnte: ein zweitüriges Coupé mit vier Sitzplätzen, relativ hoher Gürtellinie, einem üppigen Kühlergrill (schon wieder!) und eleganter, fast italienisch anmutender Linienführung.

Letzteres kam nicht von ungefähr: Wilsgaard hatte sich bei seinen Bemühungen an Elisabeth I und Elisabeth II orientiert, zwei Einzelstücke, die auf Initiative eines schwedischen Geschäftsmannes in Italien gezeichnet worden waren. Vielleicht war das keine kluge Entscheidung, vielleicht hatte man sich schon damals in der Konzern-Spitze für einen Viertürer entschieden; jedenfalls wurde Wilsgaard beauftragt, auf der Grundlage von 55 ein entsprechendes Auto zu entwickeln, wobei bestimmte Details von PV 454 — wie etwa der geteilte Kühlergrill — verarbeitet werden sollten. Und wirklich stellte der spätere Amazon eine Weiterentwicklung seiner 1953 gezeigten Studie dar!

Damit war dieses Thema erst einmal vom Tisch. Man entschied, den Buckel in seiner Grundform zu belassen und statt dessen die vorhandenen Möglichkeiten besser auszunützen — ein ehrbares Ansinnen, das in der Vorstellung des PV 544 mündete!

Für mehr als zehn Jahre rührte man nicht am Buckel, oder zumindest erfuhr die Öffentlichkeit nichts davon. Erst Mitte der sechziger Jahre nahm man sich den PV 544 erneut vor, verpaßte ihm einen massigen Kühlergrill à la 164 (was sich bei Volvo langsam zur fixen Idee auswuchs!) und gestaltete das Heck auf kuriose Weise um. Beträchtlich verlängert und mit integrierten Rückleuchten versehen, schuf man so etwas wie ein Stufenheck, tarnte es aber mittels seitlich auslaufender hinterer Dachpfosten.

Das Resultat war schaurig — und wurde gottlob nie ernsthaft für die Serienfertigung in Erwägung gezogen, auch wenn man die Komposition PV 644 getauft hatte. Denn daß der gute alte Buckel mittlerweile am Ende seines Autolebens angelangt war, wußte man natürlich auch in Göteborg. Da halfen oberflächliche Retuschen wenig.

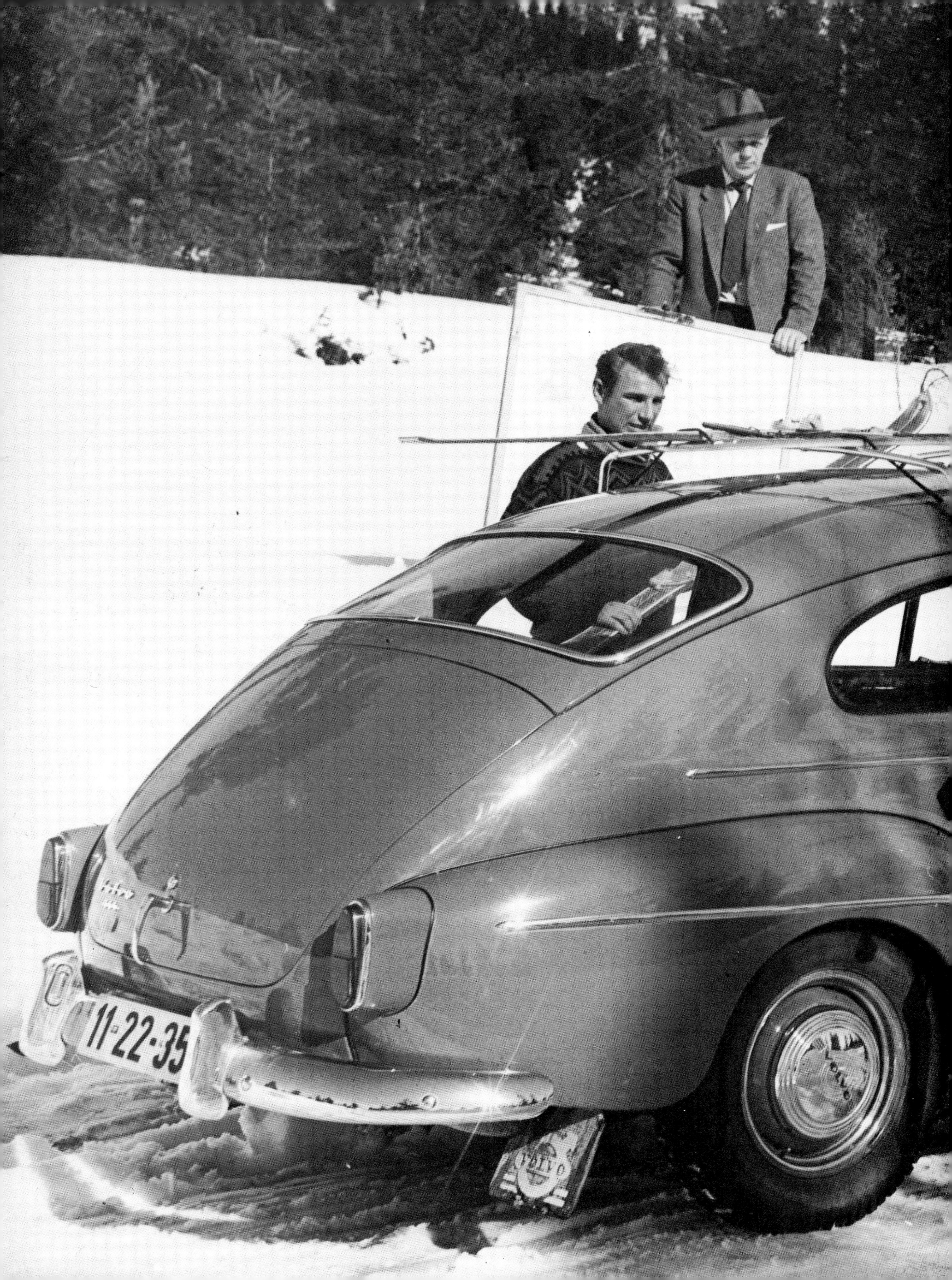
11-22-35

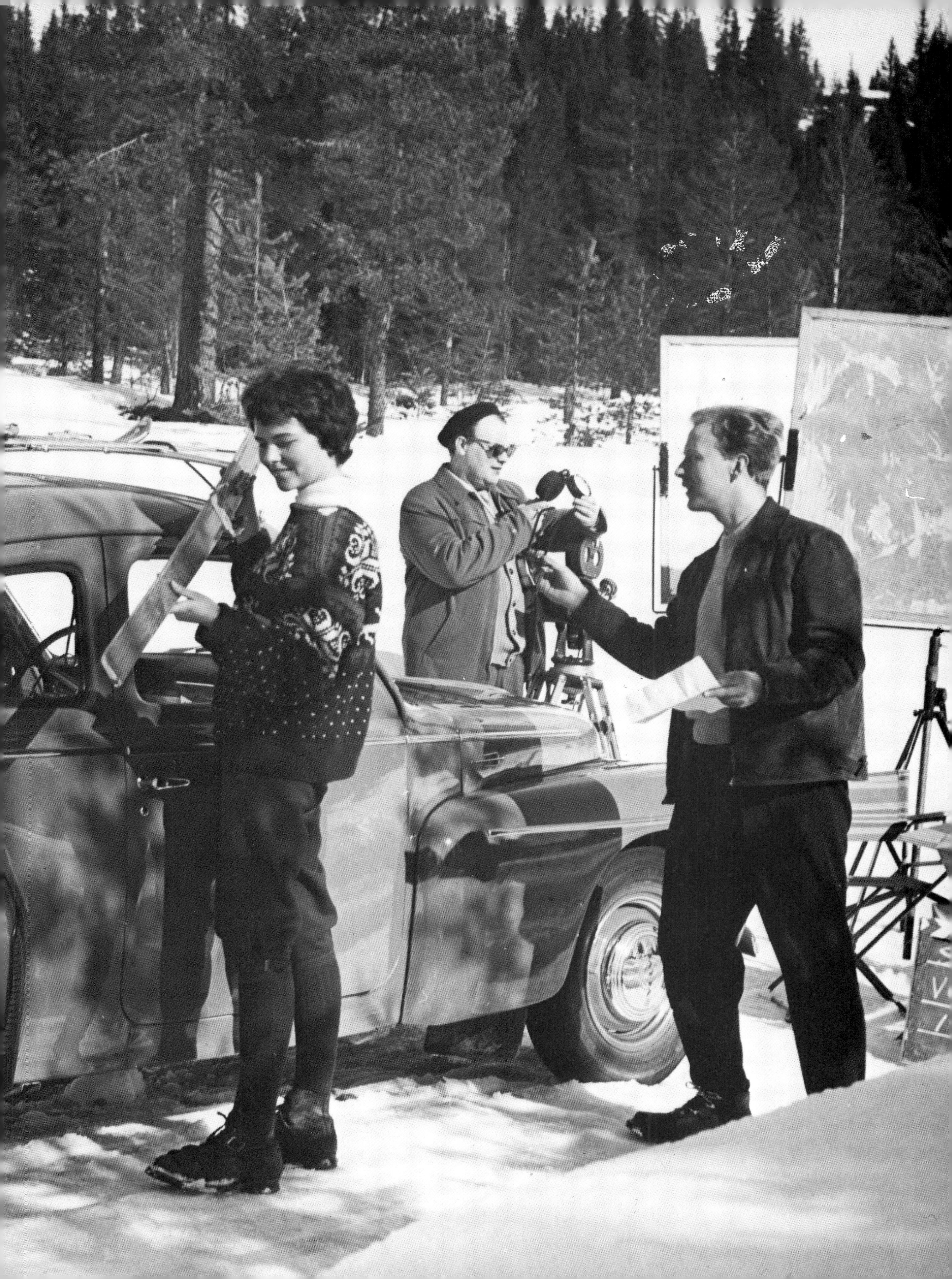

Der Duett

Bereits Ende der vierziger Jahre hatte Assar Gabrielsson an den Bau eines leichten Nutzfahrzeugs auf Buckel-Basis gedacht, sich damit aber nicht durchsetzen können. Statt dessen war ein Chassis konstruiert worden, das als Ausgangspunkt zahlreicher Sonderkarosserien diente — siehe das vorherige Kapitel.

Als die Nachfrage nach diesen kleinen Transportfahrzeugen so sprunghaft stieg, daß die unabhängigen Karosseriebauer restlos an der Grenze ihrer Kapazität angelangt waren, entschloß sich Volvo, selbst ein entsprechendes Fahrzeug auf den Markt zu bringen.

Die Arbeiten daran begannen im Mai 1952 und entwickelten sich zügig: Ein passendes Fahrgestell hatte man, was fehlte, war der Aufbau. Also stellte man ein Team aus Konstrukteuren und Designern zusammen, dessen Leitung Erik Sidling übertragen wurde.

Einer der ersten Prototypen — gut zu erkennen der fünfstrebige „ribb-grill".

Sidling hatte die gleiche Vorgabe wie die Karosseriebauer der unabhängigen Firmen — und tatsächlich fiel sein Vorschlag sehr ähnlich aus. Auch er entschied sich für ein dreitüriges Auto.

Mit den serienmäßigen Buckel-Türen mochte auch Sidling nichts anfangen und entwarf statt dessen Türen mit dünnem Fensterrahmen, die besonders gut mit der rundum verglasten Ausführung des Duett harmonierten: Zusammen mit den schlanken Fenster-Pfosten wurde der Eindruck eines leichten, fast schwebenden Daches vermittelt.

Bei einem Kombi ist die gute Zugänglichkeit der Ladefläche von entscheidender Bedeutung; außerdem sollte die Möglichkeit berücksichtigt werden, auch mal lange, über die Ladefläche hinausragende Güter zu transportieren. Dafür besonders geeignet ist eine zweigeteilte, nach oben und unten zu öffnende Heckklappe (wie sie später beim Volvo Amazon verwirklicht wurde). Allerdings läßt sich eine solche Konstruktion relativ schlecht beladen, weshalb man sich beim Duett für zwei kleine, seitlich angeschlagene Türen entschied — wie sie sich schon bei den Kastenwagen mit Grip-Karosserie bewährt hatten.

Dafür verzichtete die Volvo-eigene Schöpfung auf hintere Kotflügel und gab sich nüchtern-glattflächig. Der Grund hierfür lag auf der Hand: Die entsprechenden Blechpartien waren kostengünstiger herzustellen und bei größeren Unfällen auch leichter zu reparieren.

Ein wesentlicher Unterschied zu den meisten Kombis mit Sonderkarosse war, daß bei der Volvo-Konstruktion natürlich auf die Verwendung von Holz — jedenfalls mit tragender Funktion beim Aufbau — verzichtet wurde: Der Duett war als reine Stahl-Konzeption ausgelegt (und sollte sich auch als solche bestens bewähren!).

Als die endgültige Form des neuen Autos sowie seine wesentlichen Konstruktionsmerkmale vorlagen, begann die zweite Phase seiner Entwicklung: Alle Zeichnungen, alle mittlerweile angefertigten Modelle — in Ton und Holz, teilweise sogar im Maßstab 1 : 1 — wurden im November 1952 zur Svenska Stålpressnings AB in Olofström gebracht. Hier entstanden seit den zwanziger Jahren sämtliche Volvo-Karosserien, auch die des Buckels.

Noch eine große Hecktür: Duett-Prototyp.
Duett — hier ein P 210 —, der von einem P 1900 verfolgt wird! ▶

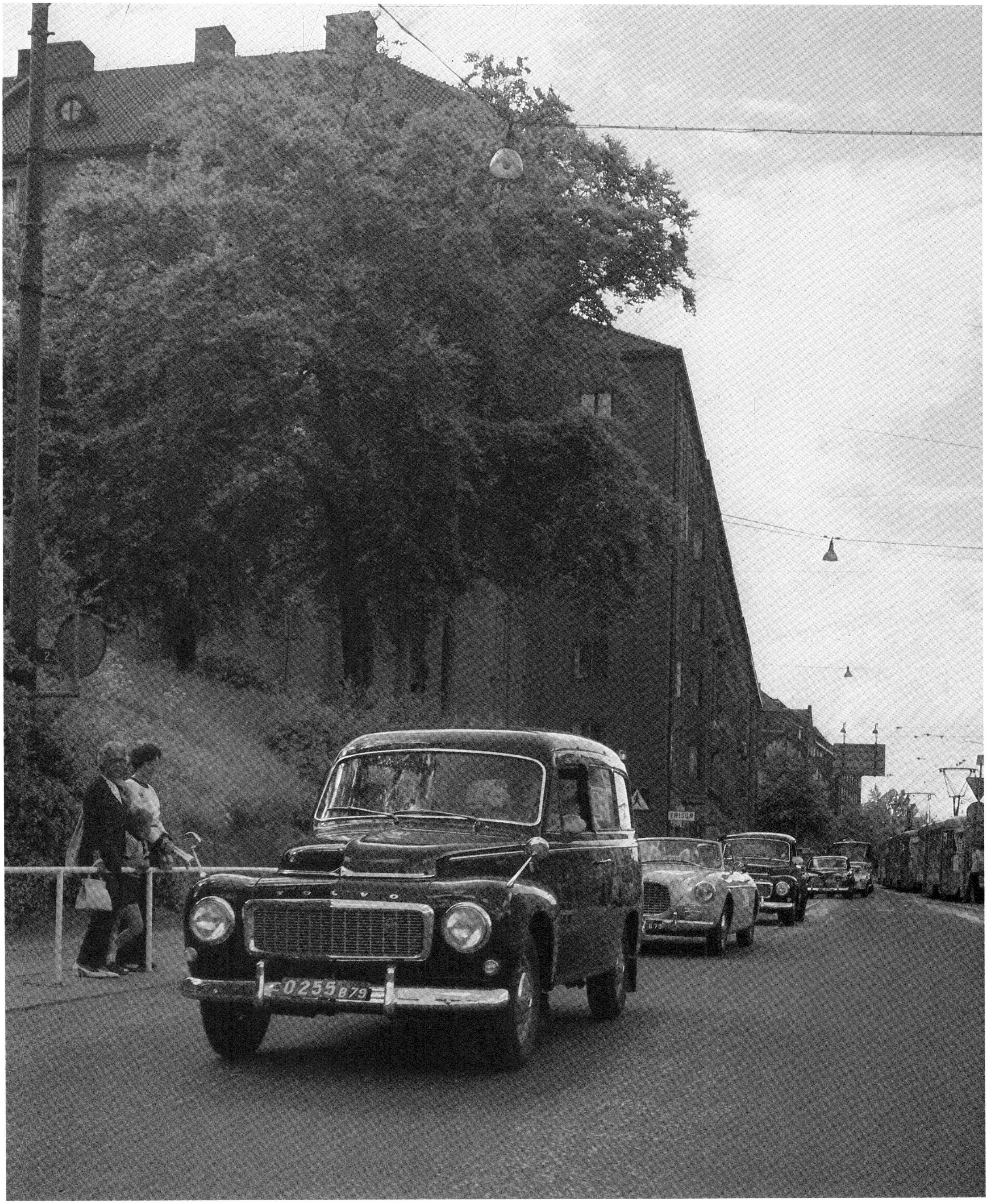
VOLVO
0255 B79
FRISOR

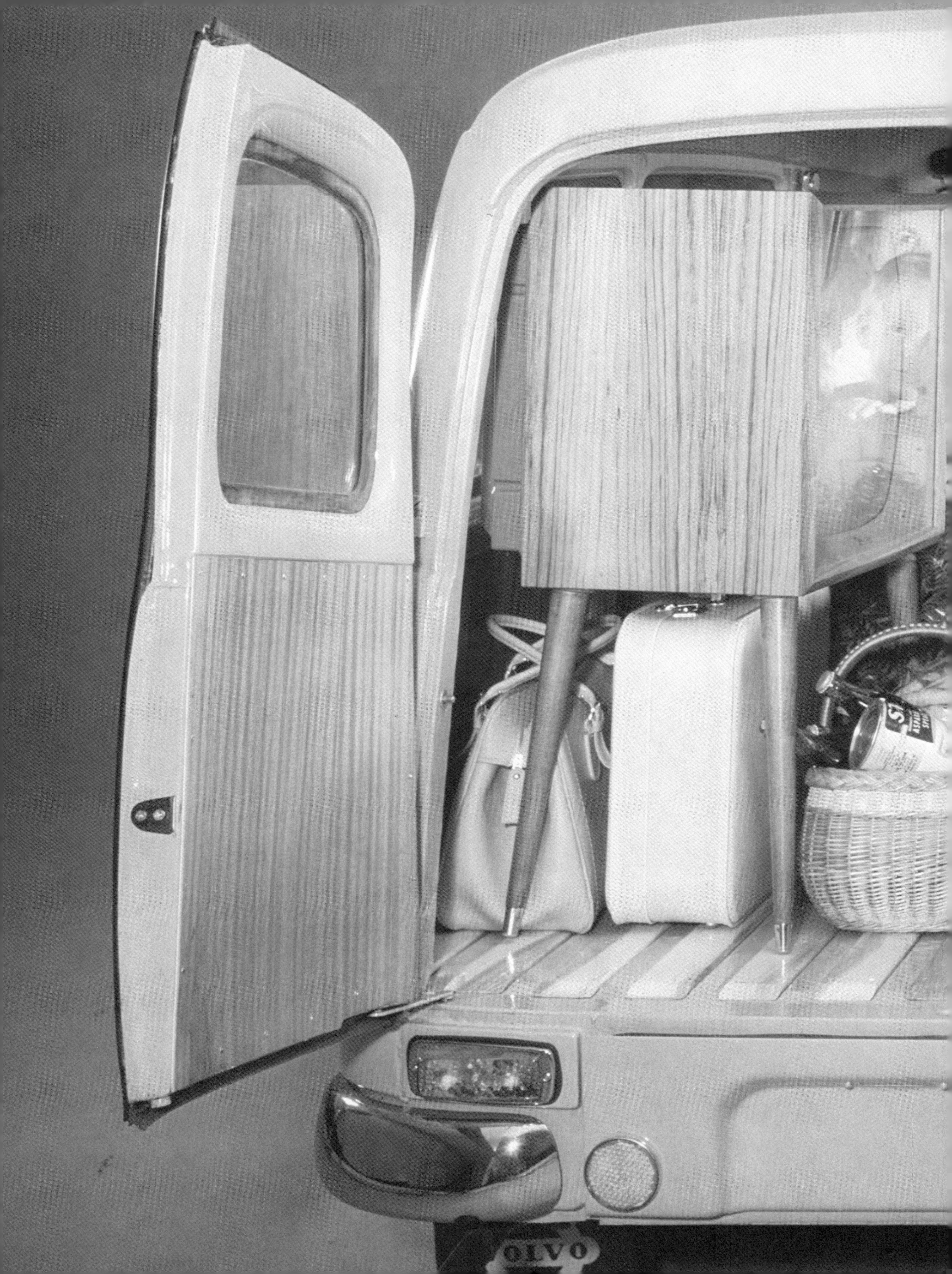

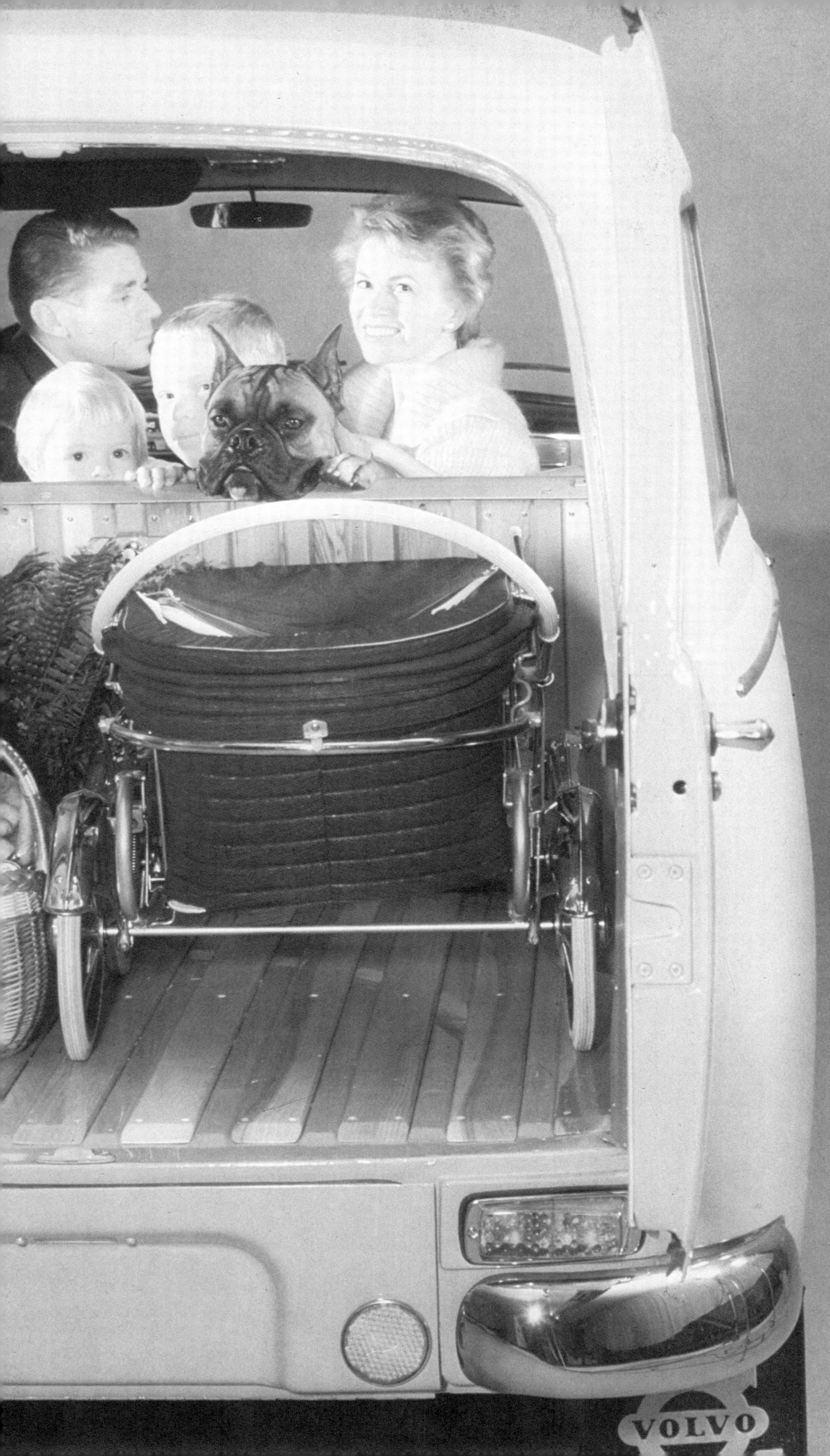
VOLVO

Für Buckel-Fahrer ein vertrauter Anblick: Duett-Armaturen.

Das gesamte Duett-Material wurde von einem neuen Team von Volvo-Konstrukteuren begleitet, das mit seinem Leiter Eric Skoog für den weiteren Ablauf des Projekts verantwortlich war. Der weitere Verlauf: Das waren Detailmodifikationen, die Herstellung der benötigten Pressen, Werkzeuge usw. — kurz: alles für die Serienproduktion vorzubereiten.

Offensichtlich klappte auch diese zweite Entwicklungs-Phase hervorragend, denn bereits am 4. Juli 1953 stand der erste Duett fix und fertig auf den Rädern! Er trug die offizielle Bezeichnung Volvo PV 445 DH, wobei das große „D" das Modell benannte, das große „H" für „Herrgårdsvagn" stand, was soviel wie „Fenster-Kombi" bedeutet.

Schon hier sei darauf hingewiesen, daß die Bezeichnungen für Volvos Neuling recht verwirrend sind und oft geändert wurden. So hatten die einzelnen Typen ursprünglich getrennte Chassis-Nummern, die nach dem 28. Oktober 1958 allerdings vereinheitlicht wurden — was eine Zuordnung der einzelnen Versionen anhand der Chassis-Nummer unmöglich machte.

Ebenso ersetzte man die Großbuchstaben nach einiger Zeit durch Zahlenkombinationen, die für die vier Duett-Ausführungen lauteten: 44505 = Kastenwagen, 44506 = Fenster-Kombi (Lkw), 44507 = Fenster-Kombi (Pkw) und schließlich 44508 = Fenster-Kombi (Pkw in US-Ausführung).

Konstant blieben nur die Fahrgestelle, die stets über eine eigene Chassis-Nummer verfügten.

Aber zurück zu dem ersten PV 445 DH, der am 4. Juli 1953 Olofström verließ und sofort Assar Gabrielsson vorgeführt wurde. Der war begeistert, fand aber, daß die nüchterne Typenbezeichnung dem Auto nicht gerecht würde. Also suchte man nach einem griffigen Namen,

◀ Der Duett hatte tatsächlich einen riesigen Laderaum...
... wie auch dieses Bild dokumentiert.

der zum Charakter des neuen Autos paßte — und kam auf Duett! Damit sollte deutlich gemacht werden, daß der Käufer „zwei Autos in einem" erwarb, nämlich nicht nur ein Nutzfahrzeug, sondern auch einen eleganten Familienwagen, der halt bloß praktischer als eine Limousine war.

Damit gelang Volvo ein geschickter Schachzug, der neue Kundenkreise erschloß (nicht von ungefähr war Sven Sundberg, Volvos Werbechef, maßgeblich an der Namensfindung beteiligt!). Vielleicht hat man bei der Suche an unser Wort „Kombi" gedacht — was ja eine Abkürzung für Kombinationswagen ist und darauf hinweisen möchte, daß ein solches Auto eben eine Kombination verschiedener Eigenschaften darstellt.

Wie auch immer: Der Name Duett war gut gewählt. Vor allem in der rundum verglasten Ausführung und mit

„Duett", eine „Kombi-nation" aus Lieferwagen und Limousine: PV 445 L.

102

bildhübscher Zweifarben-Lackierung konnte sich das neue Auto sehen lassen — und war für all jene eine echte Alternative, die ein geräumiges Fahrzeug suchten.

Zumal in der im Juli 1955 eingeführten 445 PH-Ausführung, die vom damaligen DH äußerlich nicht zu unterscheiden war, im Gegensatz zu diesem aber nicht als Lastwagen, sondern als Personenwagen zugelassen wurde und über eine etwas bessere Ausstattung verfügte. Auf Werbefotos wurden diese Modelle häufig mit Weißwand-Reifen abgebildet — zusammen mit eleganten Damen und Herren, die ganz zwanglos Tennisschläger schwangen oder sich gerade zum großen Segel-Törn aufmachten.

Der eleganteste Duett war leider nur für den amerikanischen Markt bestimmt. Dort, wo gut ausgestattete Kombis schon immer in hohem Ansehen standen, wurde im Mai 1956 die US-Ausführung 445 PH vorgestellt, die

Der bis 1969 gebaute P 210 in seiner letzten Ausführung.

sich in zahlreichen Ausstattungs-Details von ihren biederen europäischen Brüdern unterschied: Gestreifte Sitzbezüge mit passenden Tür- und Seitenverkleidungen, ein schwarzes Lenkrad und Amerika-Stoßstangen hoben den besonderen Charakter dieses Typs hervor.

Zum eleganten Äußeren des Duett paßte sein rüdes Fahrverhalten nicht ganz. Die blattgefederte Hinterachse neigte zum Versetzen und verwöhnte die Duett-Passagiere nicht gerade mit üppigem Komfort, dazu kam die extrem kurze Hinterachse, ein eindeutiges Zugeständnis an das Nutzfahrzeug im Duett. Sie sorgte dafür, daß die (geringe) Höchstgeschwindigkeit (zwischen 100 und 135 km/h, je nach Motor) nur bei hohen Drehzahlen und, damit verbunden, hohem Lärmpegel erreicht wurde.

Neben diesen rundum verglasten Versionen gab es seit November 1953 den 445 DS, einen „skåpvagn" genannten Kastenwagen ohne Seitenfenster, der die Duett-Palette komplettierte. Dieses Modell erfreute sich vor allem bei Handwerkern und Lieferanten großer Beliebtheit, verzichtete auf eine Rückbank und war als Lastwagen registriert. Sein Preis: Rund 11 500,— Schwedenkronen mußte für einen Kastenwagen hingelegt werden, für den Fenster-Kombi etwas mehr. Das war eine stolze Summe — verglichen etwa mit der Buckel-Limousine, die es für rund 3000,— Kronen weniger gab.

In späteren Jahren änderte sich dieses Verhältnis allerdings zu Gunsten des Duett. Ein schwedischer Auto-Katalog von 1962 etwa verzeichnet den PV 544 Special mit 10 600,— Kronen, den Duett dagegen mit nur 10 450,— Kronen! Das lag auf dem Preis-Niveau der Konkurrenz: Ein Saab 95 schlug mit knapp 10 000,— Kronen zu Buche, Rekord Caravan und 17 M Turnier mit jeweils 10 350,— Kronen; lediglich die Fünftürer von Peugeot, Austin usw. kosteten etwa 10 Prozent mehr.

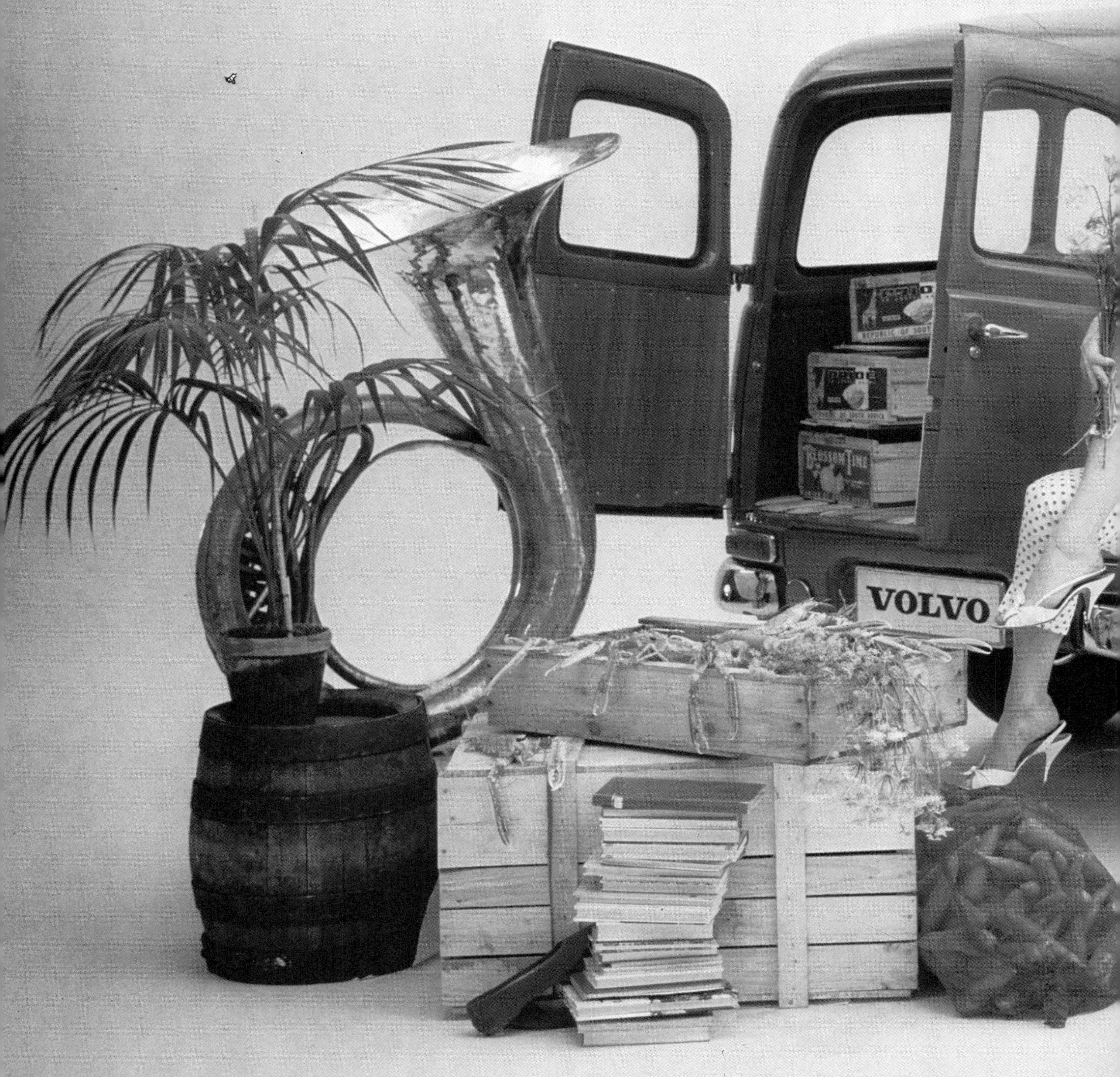
BLOSSOM TIME
VOLVO

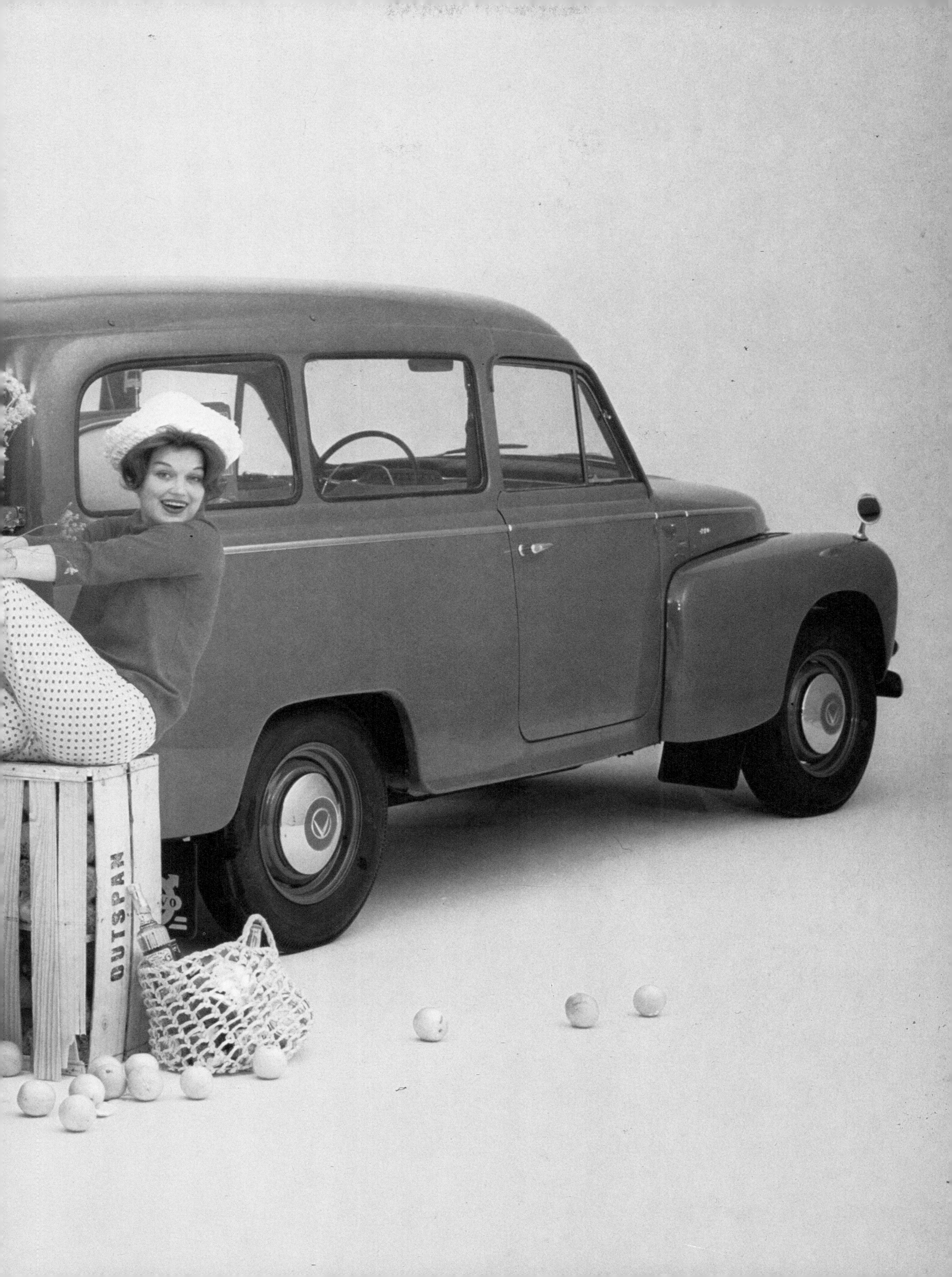
OUTSPAN

Der Duett als Polizei-Auto in Schweden...

Daß der Duett ein Erfolg werden würde, zeigte sich schon kurz nach seiner Präsentation: Die Nachfrage war riesig, die Wartelisten wuchsen. Das lag hauptsächlich daran, daß gleichzeitig auch die Produktion des PV 444 kräftig angestiegen und Svenska Stålpressning in Olofström am Ende ihrer Leistungsfähigkeit angelangt war.

Also mußte nach Abhilfe gesucht werden. Man fand sie in Form einer leerstehenden Zuckerfabrik, etwa 40 km von Olofström entfernt, in Karlshamn gelegen.

Noch 1954 mietete man sich dort ein und verlagerte sofort einen Teil der Herstellung nach da: Statt Würfelzucker entstanden hier nun die Duett-Rahmen, außerdem baute man mit den aus Olofström angelieferten Preßteilen Karosserien zusammen.

Die Endmontage erfolgte anschließend bei Volvo in Göteborg.

Für die kommenden sieben Jahre sah die Duett-Fertigung so aus; dann übernahm wieder Svenska Stålpressning den Part der Zucker-Fabrik. Und daran änderte sich nichts mehr — bis zur Produktionseinstellung des Duett.

Übrigens blieb die Konstruktion der Buckel-Limousine vom Duett unbeeinflußt; sowohl der PV 444 als auch der PV 544 behielten ihre selbsttragende Karosse bis zum Schluß bei.

Dafür beeinflußte die Limousine den Duett! Alle wesentlichen Modifikationen, die an ihr vorgenommen wurden, kamen auch dem Duett zugute — wie beispielsweise 1957 die Einführung des neuen B 16 A-Motors, der den alten B 4 B ablöste. Vom neuen Motor profitierten Buckel und Duett übrigens zeitgleich; bei einigen anderen Dingen wurde die Limousine bevorzugt. Als etwa 1958 der PV 544 mit neuem Armaturenbrett und einteiliger Frontscheibe sein Debut gab, sprangen für den Duett nur leichte Retuschen — wie geänderte Rückleuchten und andere Anordnung der vorderen Blinker — ab.

Vereinheitlicht wurde auch der Kühlergrill. Hatte der Duett bis 1956 noch einen Grill mit fünf Querstreben

Seit Fahrgestell-Nummer 68 350 (1964) hatte der Duett die Lochfelgen mit den neuen Radkappen sowie die überarbeiteten Embleme.

... und als Krankenwagen in den USA.

Sammler-Traum: Duett von Anfang 1960, noch mit geteilter Windschutzscheibe, aber schon mit der neuen Blinker-Anordnung. Die Weißwandreifen stehen dem Auto, wie die Zweifarben-Lackierung, ausgesprochen gut.

Beliebte Mischung in der damaligen Werbung: Auto und Flugzeug. ▶

Mehr Nutzfahrzeug als Limousine: der Kastenwagen.

Attraktive Erscheinung: Duett in Zweifarben-Lack.

Billiger en bloc? Frisch gelieferte P 210.

(anders als die Limousine), so gab es ab diesem Zeitpunkt hier keine Unterschiede mehr.

Im Juli 1960 wechselte der Duett seine Typenbezeichnung: Aus PV 445 wurde P 210. Von da an präsentierte sich auch der Duett mit der neuen, einteiligen Windschutzscheibe, dem Instrumentarium des PV 544 (also mit Bandtacho, was nicht unbedingt ein Gewinn war!) und endlich einem Viergang-Getriebe.

Dafür gab es den fünffachgelagerten B 18 A-Motor wieder in beiden Modellen gleichzeitig, und zwar ab Frühjahr 1962.

Der Duett bewies erstaunliche Langlebigkeit — wozu nicht zuletzt Großkunden wie das schwedische Televerket beitrugen — und überlebte die Limousine um vier Jahre: erst 1969 kam das Aus.
Für den eingeschworenen Kreis der Duett-Fahrer war das ein schwerer Schlag; jeder Volvo stand in dem Ruf, ausgesprochen robust zu sein — aber der Duett erfreute sich einer fast legendären Unverwüstlichkeit. Sogar in den Kriminalromanen des schwedischen Autoren-Duos Sjöwall-Wahlöö wurde darauf hingewiesen! Außerdem war das Auto günstig im Unterhalt, schluckte wenig Benzin und bot üppigen Stauraum, der durch die weitöffnenden Klapptüren bestens zugänglich war. Hauptsächlich aus diesem Grund blieb der Duett so lange in Produktion: Sein designierter Nachfolger, der Amazon-Kombi, konnte in dieser Beziehung nämlich nicht annähernd mithalten. Erst als der 145er, in der Version Express mit höherem Dach, auf dem Markt erschienen war, strich man den altgedienten Duett aus dem Programm.

Viele zufriedenen Duett-Fahrer mochten sich bis heute nicht von ihrem zähen und langlebigen Gefährt trennen!

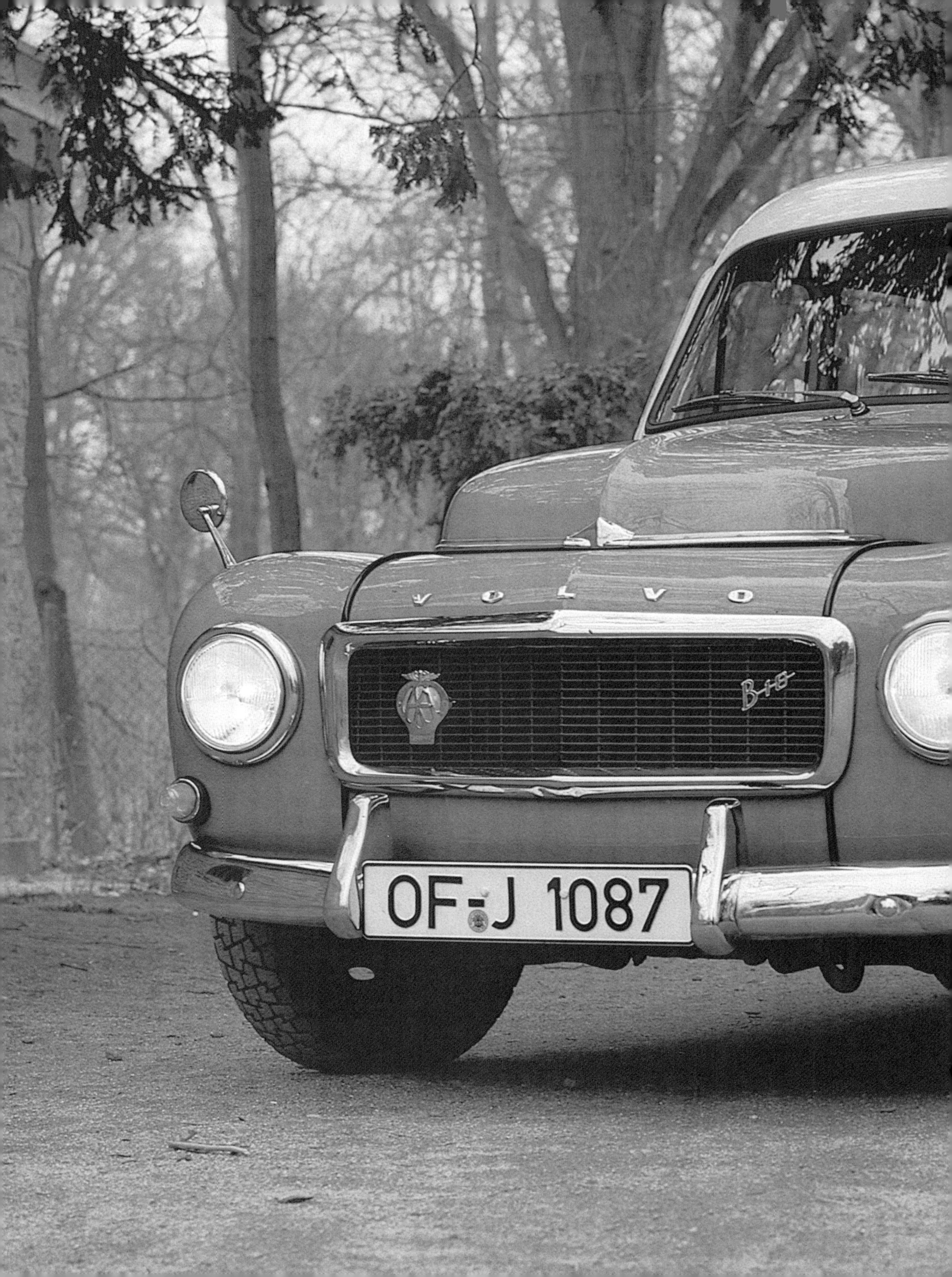
VOLVO
B18
OF-J 1087

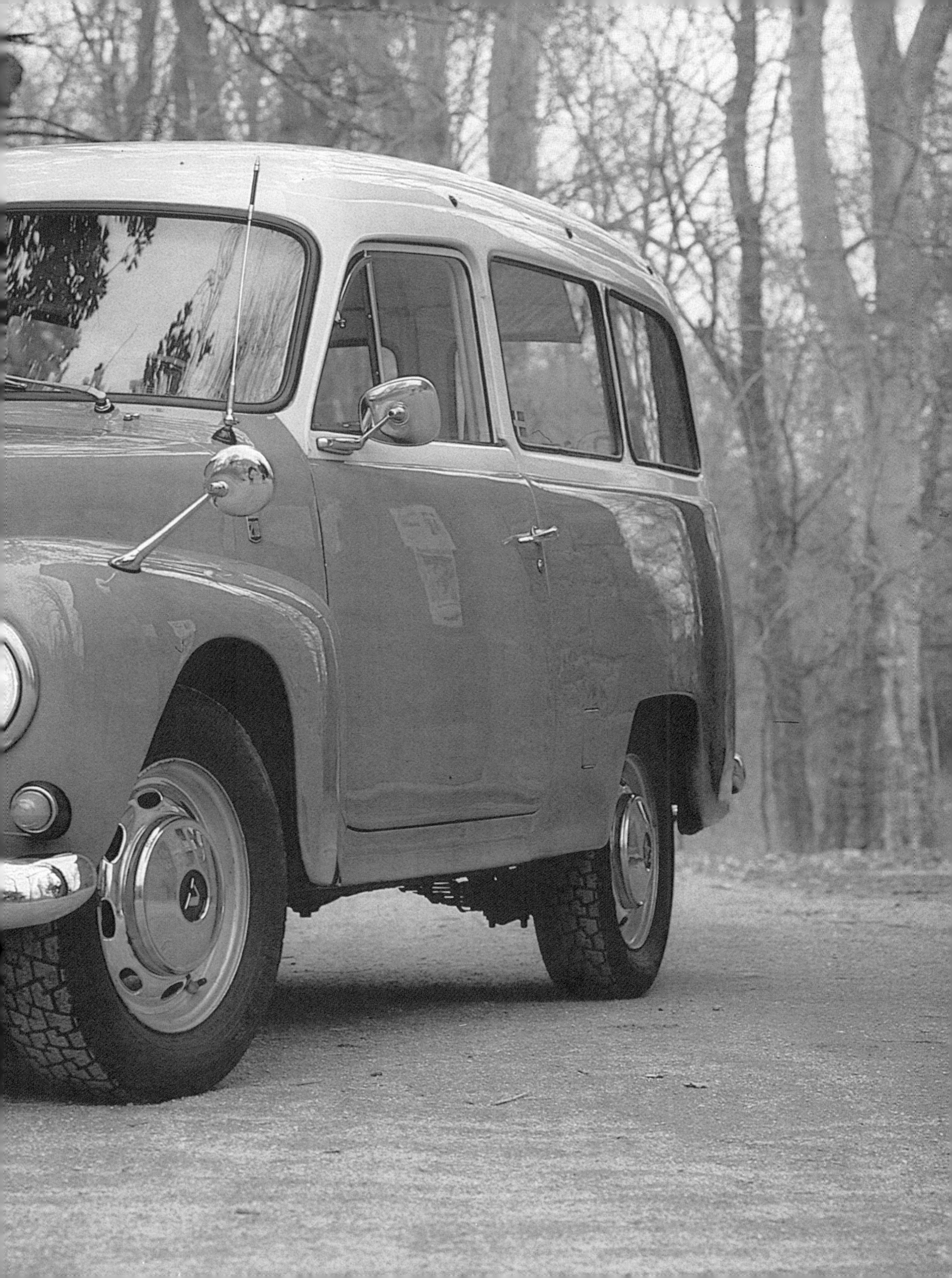

Doch wohl ein Amazon (wenn auch ein seltsamer!) — oder? Nicht ganz, denn immerhin basiert das Auto auf einem Duett-Chassis. Gebaut von Ole Sommer in Dänemark, sollte dieses Auto Ersatz für den glücklosen P 1900 sein. Leider machte die Einführung des P 1800 diesen Wunsch zunichte.

Macht auch von hinten eine gute Figur: Amazon Coupé.

Aufwendig gebaut: Ole Sommers Amazon Coupé.

Sommer(nachts)traum: Hätte das von dem Dänen Sommer realisierte Coupé auf dem Markt Chancen gehabt?

So exklusiv wie das Vorbild: Modell vom Sommer-Volvo.

Der Buckel in Sonderausführung Nutzfahrzeuge

Als der Buckel auf den Markt kam, war die große Zeit der Sonderkarosserien längst vorbei. Das hatte einmal wirtschaftliche Gründe, denn die Folgen des Zweiten Weltkriegs waren überall zu spüren und führten in allen Ländern zu Beschränkungen, hauptsächlich auf dem Rohstoff-Sektor. Zum anderen spielten technische Veränderungen eine Rolle. So verfügten in den zwanziger und dreißiger Jahren fast alle Autos über ein separates Fahrgestell, auf das sich relativ einfach die unterschiedlichsten Karosserien stülpen ließen. Nach 1945 setzte sich nun mehr und mehr eine andere Bauweise durch.

So auch beim Buckel.

Seine Konstrukteure hatten, den Zeichen der Zeit folgend, seine Karosserie selbsttragend ausgelegt; sie verzichteten damit also auf einen unabhängigen Chassisrahmen – und erschwerten folglich alle tiefgreifenden Modifikationen an seinem Blechkleid. Um trotzdem die Möglichkeit zu schaffen, den Buckel problemlos mit verschiedenartigen Aufbauten versehen zu können (und damit einem großen Kundenkreis gerecht zu werden), konstruierten die Volvo-Techniker kurzerhand ein eigenes Chassis, mit dem die nötige Vielseitigkeit sichergestellt wurde. Dabei dachten sie in erster Linie an den Nutzfahrzeug-Sektor; allerdings wird noch gezeigt werden, daß von dieser Maßnahme auch Leute profitierten, die mehr ans Vergnügen denn an die Arbeit dachten!

Die mechanischen Komponenten des PV 444 mit einem Rahmen zu kombinieren, war übrigens das Resultat einer Überlegung, die in eine andere Richtung zielte: selbst ein Nutzfahrzeug auf PV-Basis zu bauen!

Assar Gabrielsson höchstpersönlich hatte diesen Vorschlag gemacht, war aber auf taube Ohren gestoßen; vielleicht zweifelten seine Vorstandskollegen am Verkaufserfolg eines solchen Autos, vielleicht spielten andere Gründe eine Rolle; jedenfalls entschloß man sich, ein Chassis zu entwickeln, das dann mit entsprechendem Aufbau bestückt werden konnte.

Dabei spielte der Kostenfaktor natürlich eine entscheidende Rolle. Um den Preis niedrig zu halten, sollten möglichst viele Serien-Teile des PV 444 übernommen werden – was auch weitgehend gelang.

Größer modifiziert werden mußte lediglich die Hinterachse, die in der Buckel-Limousine mit Spiralfedern versehen war. Da diese Federn an ihrem oberen Ende mit der Karosserie verbunden waren, sie obendrein relativ viel Platz wegnahmen, wurden sie beim neuen Fahrgestell durch halbelliptische Blattfedern ersetzt; eine weitere Änderung betraf die Achsübersetzung, die im Verhältnis 5,43:1 sehr kurz ausgelegt war. Schließlich wanderte der Benzintank vor die Hinterachse.

Die Volvo-Techniker leisteten ebenso gute wie schnelle Arbeit: Schon am 9. September 1949 wurde das erste fahrfertige Fahrgestell ausgeliefert! Es trug die Bezeichnung PV 445 und präsentierte sich als solide Kastenrahmen-Konstruktion, die mit einer x-förmigen Verstrebung verstärkt war.

Spezialgebauter Leichenwagen einer unbekannten Karosseriefirma, für dessen Aufbau Holz und Aluminium verwendet wurde!

Buckel-Kombi mit (wahrscheinlich) Valbo-Karosserie.

Richtig auf Touren kam die Herstellung der Fahrgestelle aber erst 1950, als Volvo 565 Stück fertigte (1949 waren es gerade 3!). Das beste Jahr war 1952, als 1170 445er geordert wurden — eine Zahl, die nie mehr auch nur annähernd erreicht wurde: 1953 fiel die Zahl auf 549, denn auf 444, um 1955 auf 90 abzusacken. In dieser Größenordnung pendelte sie sich ein — bis am 17. Mai 1962 das letzte Chassis ausgeliefert wurde.

Der drastische Rückgang war natürlich auf die Einführung des Duett zurückzuführen, eines Kleintransporters, dessen Bau — wie erwähnt — schon 1948/49 erwogen, damals aber noch verworfen wurde. Da der Duett natürlich wesentlich billiger angeboten werden konnte, brachen schlechte Zeiten für die kleinen Karosserie-Betriebe an, die die 445-Fahrgestelle mit Blechkleidern versorgten. Allerdings waren diese unter handwerklichen Bedingungen arbeitenden Firmen mittlerweile längst nicht mehr in der Lage, die stürmisch ansteigende Nachfrage nach so einem „Nutz-Buckel" zu befriedigen. Daß man überhaupt noch so lange ein separates Fahrgestell bestellen konnte, lag einfach daran, daß es den Duett nur als Kastenwagen gab — aber viele Kunden spezielle Wünsche hatten: nach einem Pritschen-, Leichen- oder Abschlepp-Wagen etwa.

Und diese Wünsche konnten nach wie vor eben nur die „Unabhängigen" erfüllen!

In den ersten Jahren ihrer Produktion basierten die Fahrgestelle übrigens technisch auf dem PV 444, danach auf dem Duett (der von einigen an der Buckel-Limousine vorgenommenen Änderungen mit Verzögerung profitierte!).

Ähnlich verhielt es sich mit dem äußeren Erscheinungsbild: Der Duett und seine spezialgebauten Verwandten orientierten sich am PV 444, soweit nicht technische Unterschiede zu Modifikationen zwangen. Warum allerdings die Nutzfahrzeuge bis zum 1956er Modell über einen anderen Kühler-Grill verfügten — mit fünf statt mit vier Querstreben—, bleibt ein Volvo-Geheimnis.

Die optische Gemeinsamkeit mit dem Duett und dem PV 444 beschränkte sich bei den Sonderkarossen natürlich auf den Vorderbau, da Volvo seine Fahrgestelle komplett bis zum vorderen Türholm auslieferte — also mit Kotflügeln, Motorhaube usw., aber ohne Türen und Scheiben. Der Rest war Sache des jeweiligen Karosseriebauers, was zu ungeahntem Varianten-Reichtum führte!

Auch das gab es: fünftürige Sonderkarosserien.

Wieviele Spezialbetriebe sich des 445-Fahrgestells annahmen, läßt sich heute kaum noch ermitteln. Die bekanntesten waren:

— Grantorpets Fabriks AB in Västervik;
— Valbo Verkstads AB in Gävle;
— Floby in Västergötland;
— Bröderna Anderssons Karosseriverkstad in Gladsaxa (Gladsaxa-Kaross);
— Karla (Karosseriefabrik Laholm) in Laholm;
— Bosta in Gnarp;
— Rindborgs Kaross in Norrköping;
— Nordberg in Stockholm;
— Floda Karosserifabrik in Lerum;
— Tranås Vagnfabrik in Tranås;
— Kabo Karosseri in Umeå.

Die größten Firmen waren Valbo (wo auch Cabrios entstanden) und Grantorpets Fabriks AB, wo die sogenannten Grip-Karosserien gebaut wurden.

Vor allem Grantorp war mit seinen 80 Beschäftigten ein untypisches Unternehmen, wo man regelrecht eine kleine Serien-Herstellung in Gang gesetzt hatte: Ein rundes Dutzend PV-Fahrgestelle wurde hier pro Woche karossiert, wobei die Spezialität der Firma ein eleganter Kombi-Wagen war.

Interessante Anordnung des Blinkers!

Der Bau eines solchen Fahrzeuges war kompliziert und aufwendig und geschah — trotz Vereinheitlichung bestimmter Produktionsprozesse — nach alter Handwerkstraditon, die an die Zeit des Kutschenbaus erinnerte. Dazu gehörte die reichliche Verarbeitung von Holz: Der von Volvo angelieferte Kastenrahmen wurde zunächst mit einer Bodenplatte aus Blech verschraubt und auf diese Einheit ein kompletter Holzrahmen gesetzt. Sogar die Türen wurden nach diesem Muster gefertigt — kaum ein Karosseriebetrieb griff auf die serienmäßigen Buckeltüren zurück.

Pick-Up auf K-Modell-Basis.

Parallel zu dieser Arbeit lief in der Sattlerei die Herstellung der Inneneinrichtung, die bei Grantorp ebenfalls völlig neu geschneidert wurde und aus recht spartanischem Sitzgerät mit glattem Plastikbezug bestand. Man verkaufte Nutzfahrzeuge — und entsprechend wirkte der Innenraum!

In wieder einer anderen Abteilung preßte man derweilen die benötigten Blechpartien — für Dach, Seitenteil, Türen usw. — über Holzformen. Während sich der Duett mit glatten Seitenflächen präsentierte, wurden bei allen spezialgebauten Kombis und Kastenwagen die hinteren Kotflügel der Buckel-Limousine verwendet, was viel zum guten Aussehen dieser Konstruktionen beitrug.

Diese Blechteile zog man anschließend über das hölzerne Skelett, man lackierte das nun fast fertige Auto und montierte dann die Innenausstattung, die Scheiben usw.

Verständlich, daß bei derlei Aufwand eine Grip-Karosserie viel Geld kostete. Dafür bekam der Kunde ein sehr solides Auto, das bei richtiger Pflege lange hielt und mit erstaunlichem Fahrkomfort – bedingt durch den verwindungssteifen Aufbau – aufwartete.

Es gab natürlich auch Nachteile. Der Holzrahmen hatte für den Aufbau tragende Funktion, weshalb Beschädigungen daran (sei es durch Unfall oder Verschleiß) von der „Bilprovning", dem schwedischen TÜV, beanstandet wurden.

Leider stellten sich Reparaturen fast immer als teuer heraus – hier kam wieder die aufwendige Bauweise zum Tragen. Abgesehen davon wurde es im Lauf der Zeit immer schwieriger, einen fachkundigen Spezialisten für derartige Arbeiten zu finden. Mit diesem Problem schlagen sich heute vor allem jene herum, die solch ein Auto restaurieren.

Natürlich nicht serienmäßig, aber originell: Pick-up mit drei Achsen.

Die Karla-Werke in Laholm (der Name setzte sich aus Karosserifabrik Laholm zusammen und wurde nach dem Umzug des Unternehmens nach Kungsbacka in AB Karla Verken geändert) bedienten sich einer anderen Bauweise. Dort entstanden reine Stahlkonstruktionen, die dann mit dünnen Blechen beplankt wurden. Wobei man teilweise sogar Aluminium verarbeitete!

Karla wies auf diese Methode in ihrer Werbung ausdrücklich hin und betonte die vielen damit verbundenen Vorteile: Größere Sicherheit, hohe Festigkeit, geringes Gewicht und nicht zuletzt niedriger Preis.

Aber selbst mit diesen Pluspunkten war gegen den Duett nichts auszurichten.

In jedem Fall wesentlich einfacher zu bauen waren Pritschenwagen, für die auch verhältnismäßig lange noch ein Bedarf bestand (weil ein entsprechendes Fahrzeug von Volvo nicht angeboten wurde). Vor allem „Väg och Vatten" (vergleichbar unseren Straßenbau- und Wasserwirtschaftsämtern) kaufte viele Pritschenwagen, meist mit Floby-Karosserien.

Oftmals rüstete man diese Pick-ups mit Abschleppvorrichtungen aus, die dann noch bis in die siebziger Jahre hinein Tankstellen und Autowerkstätten als Einsatzwagen dienten.

Mit den originellsten Aufbauten wurden Kranken- und Leichenwagen versehen, die in der Regel über verlängerte Fahrgestelle verfügten. Heute besonders gesucht sind jene Krankenfahrzeuge, die mit vier seitlichen Türen ausgestattet sind und sich als ideale Camping-Mobile anbieten: reichlich Platz für zwei Kojen, annehmbare Fahrleistungen und günstiger Benzinverbrauch.

Aber es ist schon ein Glücksfall, solch ein Auto aufzutreiben!

Noch seltener und vielleicht noch reizvoller ist jenes Modell, das auf Initiative von Volvo do Brasil gebaut wurde — 445 auf südamerikanisch sozusagen.

Erstaunlicherweise wurden PV 445-Fahrgestelle nicht nur in skandinavischen Ländern gekauft, sondern auch in südamerikanischen. Allerdings kam es nur in Brasilien zu einer kleinen Serienfertigung, wobei jener in Rio de Janeiro 1957/58 aufgelegte Kombi eher ein „fun-mobile" denn ein Nutzfahrzeug war. Hier hatten offenbar weder die nüchternen Sonderkarosserien à la Grantorpet, noch die besser ausgerüsteten Duett-Versionen eine Chance; aber das ließ sich ja gottlob abstellen!

So entstand ein Kombi, der bis zur B-Säule im Großen und Ganzen seinem schwedischen Pendant entsprach, sogar mit den Türen der Buckel-Limousine ausgerüstet war. Von einigen kleinen Modifikationen mal abgesehen; dazu gehörten wuchtigere Stoßstangen, andere Radkappen, Chromleisten auch auf den Kotflügeln und natürlich jene wunderschöne Haubenschwalbe, die 1952 eine kleine Sonderserie des PV 444 zierte.

Richtig verwegen wurde es erst ab dem Türausschnitt. Da präsentierte sich der Brasilianer nämlich mit einem bulligen, amerikanischen Stationcars nachempfundenen Heck, zu dessen besonderen Stil-Merkmalen die großzügige Verglasung mit seitlichen Schiebefenstern, die zweigeteilte, nach oben und unten zu öffnende Ladeluke sowie die runden Rückleuchten zählten.

Wieviele von diesen schwedisch-brasilianischen Gemeinschaftsprodukten entstanden, läßt sich heute nicht mehr feststellen. Mehr als ein rundes Dutzend wird es kaum gewesen sein — wobei als nächstes natürlich die Frage interessiert, ob eines dieser Fahrzeuge sich bis in die achtziger Jahre retten konnte.

Elisabeth I mit der typisch verspielten Linienführung ihres Schöpfers Michelotti.

Elisabeth I und II

Beinahe hätte es eine kleine feine Sonderserie extravaganter viersitziger Coupés gegeben — mit Buckel-Mechanik und italienischer Karosserie.

Aber eben nur beinahe.

Initiator des gesamten Unternehmens war ein schwedischer Geschäftsmann namens Gösta Wennberg. Dieser unternehmungslustige Herr betrieb seine Geschäfte von Monte Carlo aus und verfügte über beste Beziehungen in die südlichen Regionen Europas. Gleichzeitig war er ein Liebhaber ungewöhnlicher Autos, der den Gedanken reizvoll fand, italienische Rasse und Eleganz mit den Tugenden eines Volvo PV 444 zu verbinden. Also kaufte er einen PV 445-Rahmen und nahm, vermittelt durch einen Freund, Kontakt zu Giovanni Michelotti auf. Der leitete seit 1949 sein eigenes Studio in Turin, galt als gleichermaßen ehrgeizig wie talentiert und nahm sich mit Freuden des von Wennberg erteilten Auftrags an.

Bereits im Oktober 1952 war der Entwurf eines „Coupé 4-5 places Volvo PV 444" fertig, kurze Zeit darauf das fahrbereite Auto! Hergestellt bei Vignale (ebenfalls in Grugliasco/Turin ansässig), hatte sich Michelotti bei seiner Formgebung am zeitgenössischen Ideal zweitüriger „Familien-Coupés" orientiert und ein verspielt wirkendes, insgesamt aber gelungenes Auto geschaffen.

Wennberg war zufrieden — und tatsächlich schienen sich seine Hoffnungen zu erfüllen: Er spekulierte auf eine Kleinserie von 200 Autos, die über die offizielle Volvo-Organisation verkauft und gewartet werden sollten.

Offensichtlich war die schwedische Firma tatsächlich interessiert. Sie hatte das wohlgeformte Coupé nicht nur gekauft und ausführlichen Tests unterzogen, sondern sogar der Presse vorgestellt. Bei dieser Gelegenheit war der Spitzname Elisabeth entstanden: Die schwedischen Motor-Journalisten hatten sich auf den ersten von Jan Wilsgaard entworfenen Prototyp — einen großen Achtzylinder — bezogen, der von seinen Schöpfern Philip genannt worden war. Das wurde mit dem englischen Königshaus assoziiert — und auf (Prinz) Philip folgte eben Elisabeth, Margaret Rose usw....

Leider erfüllte Elisabeth I nicht die Volvo-Erwartungen. Das lag an zwei Dingen: Einmal sorgte das hochbauende Duett-Chassis für sehr beengte Platzverhältnisse auf den Hintersitzen, zum anderen hätte bei einer Serie von 200 Autos sich ein Preis von rund 20 000

Wurde auf Eigeninitiative gebaut: jener Elisabeth I getaufte Zweitürer.

Schwedenkronen pro Stück errechnet — mehr als doppelt soviel wie für einen serienmäßigen Buckel! Das wäre selbst für den luxuriös ausgestatteten Schönling zu viel gewesen — und so lehnte Volvo ab.

Wennberg war natürlich enttäuscht, gab aber noch nicht auf.

Er nahm zügig Elisabeth II in Angriff, der dieses Mal die komplette Bodengruppe eines PV 444 als Basis diente. Um so keine Platzprobleme zu bekommen...

Für die Herstellung der Karosserie zeichnete erneut Vignale verantwortlich, allerdings waren einige Detailmodifikationen vorgenommen worden: Ein neuer Kühlergrill (der nicht mehr an einen Alfa Romeo, sondern jetzt an einen Aston Martin erinnerte!), kleine Heckflossen und eine veränderte Dachlinie sollten für ein attraktiveres Gesamtbild sorgen. Ob dieses Ziel erreicht wurde, ist fraglich; bekanntlich liegt Schönheit im Auge des Betrachters.

Leider blieb auch Elisabeth II der erwünschte Erfolg versagt. Jetzt stimmte zwar der Platz, aber noch immer nicht der Preis — und Gösta Wennberg war Realist genug, um es bei diesen beiden Versuchen bewenden zu lassen.

Kein (stilistischer) Fortschritt: Elisabeth II.

Immerhin wird er mit Genugtuung vermerkt haben, daß Jan Wilsgaards Entwurf „55" (siehe Kapitel: Prototypen) eine fast exakte Kopie von Elisabeth I war!

Der Buckel als Sportgerät

Es ist eigentlich nicht zu fassen. Obwohl seine Konstrukteure an alles gedacht haben mögen, nicht aber an die sportliche Ausrichtung ihres Schützlings, wurde der Buckel bei zahlreichen Wettbewerben eingesetzt und holte einen Erfolg nach dem anderen! Das allein mag schon erstaunlich sein; noch verblüffender ist freilich die Tatsache, daß das rundliche Schwedenmobil nicht nur bei Rallyes und Rallye-Cross-Veranstaltungen die Konkurrenz das Fürchten lehrte, sondern auch bei Rundstreckenrennen.

Der Buckel also als Sportgerät? Es scheint fast so! Wollte man aus heutiger Sicht alle seine Siege und guten Plazierungen zu würdigen versuchen — man müßte kläglich scheitern! PVs wurden nämlich nicht nur werksseitig — und damit auch heute noch belegbar — eingesetzt, sondern rannten auch in den Händen von Privatfahrern um die Wette. Und das natürlich nicht nur bei uns in der BRD.

Seine große Beliebtheit gerade bei Privatfahrern verdankte der Buckel in erster Linie natürlich seinem robusten Charakter. Der Kölner Gastwirt Eugen Herrmuth brachte es auf einen Nenner: „Mit dem Auto fahre ich in der Woche zum Großmarkt und sonntags aufs Treppchen". Mit anderen Worten: Ein Buckel war alltagstaugliches Gebrauchsfahrzeug und Wettbewerbswagen in einem.

Vorbedingung für diese Doppelrolle war natürlich ein Renn-Reglement, das, anders als heute, den materiellen Aufwand in Grenzen hielt und damit gerade den Privatiers größere Chancen ließ.

Was im Einzelnen erlaubt oder verboten war, bestimmte der Anhang J — und hier speziell Artikel 254 — des Internationalen Motorsport-Gesetzes.

Volvo-Lineup vor der Akropolis-Rallye 1964, die Tom Trana mit dem 2. Buckel von rechts gewann.

Homologiert — also eingestuft, zugelassen — war der Buckel Anfang der sechziger Jahre etwa in der Kategorie A „Tourenwagen", mit der Aufteilung in Gruppe I (Serien-Tourenwagen) bzw. Gruppe II (Verbesserte Tourenwagen).

Was unter einem Serien-Tourenwagen der Gruppe I zu verstehen war, regelten die Artikel 257 bis 261 der Allgemeinen Bestimmungen. So hieß es etwa, daß „Tourenwagen in einer Serie von mindestens 1000 Exemplaren, die in Motor und Karosserie übereinstimmen, in 12 aufeinanderfolgenden Monaten hergestellt worden sein" müssen.

Buckel bei der Tulpen-Rallye.

Auch die Zahl der Sitzplätze wurde festgelegt: Über 700 ccm Hubraum waren vier verlangt, darunter reichten zwei Plätze.

Was an technischen Verbesserungen zulässig war, wurde in den nächsten Abschnitten geregelt. Allerdings fand der zukünftige Motorsportler hier tatsächlich nur „allgemeine Bestimmungen" — wie etwa den Hinweis, daß bei Reifen „Fabrikat und Typ freigestellt sind, vorausgesetzt, daß sie ohne Veränderung oder Zwischenstück auf die Originalräder oder Felge passen".

Start zur Schweden-Rallye — mit traditionell großer Volvo-Beteiligung.

Ähnlich begrenzt waren die Änderungen, die am Motorblock gestattet wurden: „Das Ausschleifen der Zylinder (ist) unter der Bedingung (gestattet), daß die Originalbohrung nicht um mehr als 0,6 mm überschritten wird ... Das Fabrikat der Kolben ist freigestellt, ebenso das Material, aus dem sie bestehen, doch müssen diese mit Ausnahme der inneren Verrippungen mit dem vom Hersteller gelieferten Kolben identisch sein und müssen außerdem mindestens das Gewicht der Original-Kolben aufweisen. Insbesondere dürfen die Form des Kolbenbodens, die Lage des Bolzens sowie die Anzahl der Ringe nicht verändert werden..."

Immerhin durfte ein Buckel-Pilot sich einen 100-Liter- bzw. 110-Liter-Tank einbauen lassen — je nachdem, ob er einen B 16 (in der Klasse von 1300–1600 ccm Hubraum) oder B 18 (1600–2000 ccm Hubraum) einsetzen wollte.

Alle weiteren, typenspezifischen Fragen regelte das Homologationsblatt, das es für jeden Wagentyp gab und das unter der entsprechenden Nummer — der PV 544 Sport lief 1965 etwa unter der Nummer 1086 — von der Obersten Nationalen Sportkommission für den Automobilsport in Deutschland (ONS) dem Interessenten zugeschickt wurde.

Darin erfuhr er, mit welchem Vergaser etwa ein Buckel bestückt sein durfte (Fabrikat und Typ), welche Düsenbestückung zulässig war, welche Achsübersetzung usw.

Analog dazu legten die Artikel 262 bis 264 fest, was am Gruppe-2-Auto, dem verbesserten Serien-Tourenwagen, modifiziert werden durfte.

Gerade die Bestimmungen der Gruppe I zeigen, daß ein Buckel sich mit relativ geringem Aufwand in ein konkurrenzfähiges Sportgerät verwandeln ließ — wobei Volvo Deutschland Sportfahrern sogar mit großzügigen Rabatten entgegenkam!

Aber weder Rabatte, noch ein ausgewogenes Renn-Reglement nützen nichts, wenn das entsprechende Tuningobjekt für motorsportliche Zwecke ungeeignet ist.

Zum Glück war das beim Buckel nicht der Fall — egal, mit welchem Triebwerk er auch ausgerüstet war (s. Kapitel: Tuning gestern und heute).

Wie aber sah ein typischer Rallye-Buckel aus? Zitieren wir Mel Andersson, einen volvobegeisterten Amerikaner, der es sich 1961 nicht nehmen ließ, eigens aus Texas anzureisen, um an der „Rallye Mitternachtssonne" in Schweden teilzunehmen! Über seine Abenteuer in dem von Volvo zur Verfügung gestellten Wagen berichtete er in der amerikanischen Zeitschrift „Road and Track" im Januar 1962: „Das Auto war ein roter 61er PV 544 Sport. Er verfügte über Zusatzscheinwerfer — sogar einem drehbaren auf dem Dach! — und über Pirelli-Cinturato-Bereifung, die zusammen mit härteren Koni-Stoßdämpfern das Fahrverhalten verbesserten. Innen gab es einen Schalensitz für den Fahrer, Drehzahlmesser, Halda-Speedpilot, überhaupt komplettes Rallye-Instrumentarium. Dazu waren umfangreiches Werkzeug, sogar ein hydraulischer Wagenheber, sowie jede Menge Ersatzteile vorhanden. Außerdem war das Auto erleichtert, seine Maschine mit überarbeitetem Zylinderkopf, geändertem Ventiltrieb, Renn-Kurbelwelle, Renn-Kupplung und erleichterter Schwungscheibe versehen. Alles in allem ein lautes, hartes und schnelles Rallye-Auto, das Spaß machte!"

Der Spaß verging Andersson auch dann nicht, als er zusammen mit seinem schwedischen Beifahrer Fahlström den roten Renner an einen Baum setzte; überflüssig zu sagen, daß den Insassen nichts passierte. Gewonnen wurde die „Rallye Mitternachtssonne" übrigens vom großen Konkurrenten SAAB, mit den Brüdern Rolf und Carl-Magnus Skogh im Cockpit. Später wechselte Carl-Magnus Skogh das Lager und wurde Mitglied der Volvo-Werksmannschaft — dafür hatte der erfolgreiche SAAB-Pilot Eric Carlsson auf einem Volvo seine Karriere begonnen!

Der „Circiuto los Chile" mit schwedischer Beteiligung!

Ricardo Ramirez bei einem südamerikanischen Rennen.

Aber auch ohne Carlsson dominierte das Volvo-Team in den späten fünfziger und frühen sechziger Jahren die Rallye-Welt, wie durch den Gewinn der Europa-Meisterschaft in den Jahren 1958, 1959, 1963 und 1964 eindrucksvoll demonstriert wurde.

Kern dieser erfolgreichen Mannschaft waren die Fahrer Gunnar Andersson (Europameister 1958 und 1963), Tom Trana (1963), Ewy Rosqvist (die den Titel bei den Damen 1959 holte) und deren Nachfolgerin Sylvia Österberg (1963); außerdem mit dabei waren der schon erwähnte Carl-Magnus Skogh sowie die indischen Brüder Singh.

Sie alle profitierten von einer veränderten Firmenpolitik, die auf einen Wechsel in der Führungsspitze des schwedischen Unternehmens zurückging: Volvo-Gründer Assar Gabrielsson hatte den Posten des Generaldirektors 1956 an Gunnar Engellau abgegeben, der im Gegensatz zu Gabrielsson vom Werbewert motorsportlicher Veranstaltungen überzeugt war und sie entsprechend förderte. (Gabrielssons Zurückhaltung soll in seiner Meinung begründet gewesen sein, daß „ein Sieg dem Fahrer, eine Niederlage dagegen dem Werk zugeschrieben" werde!).

Natürlich konnte man schon damals vermuten, daß im Buckel einiges an sportlichem Potential stecken mußte. So hatten die Herren Hilding Ohlsson, Martin Carstedt und Stig Cederholm 1949 mit einem PV 444 an der Rallye Monte Carlo teilgenommen und damit sicherlich eine Pionierleistung vollbracht.

Auch im folgenden Jahr starteten sie – und belegten einen hervorragenden 12. Platz im Gesamtklassement.

In späteren Jahren trat man mit erheblich größerem Aufgebot zur „Monte" an. 1962 etwa waren 27 Volvos am Start – werksseitig und privat gemeldet –, von denen 14

123

Gemischtes Vergnügen: Buckel beim Rallye-Cross (hier Janne Blom).

das Rennen beendeten; mehr als ein 8. Rang sprang aber nicht heraus. Zwei Jahre später — 1964 — plazierten sich Trana/Lindström auf dem 6. Platz. Zu diesem Zeitpunkt hatten die Buckels allerdings erhebliche Konkurrenz aus dem eigenen Stall bekommen. Da die inzwischen doch in die Jahre gekommenen PVs sich dem Ende ihres Autolebens näherten, wollte man bei Volvo ihren Einsatz begreiflicherweise einschränken und statt dessen mehr auf den Amazon, also die 120-Baureihe, setzen.

Andererseits zeigten sie nach wie vor ihre Zähne — und bewiesen noch 1965 — also im Jahr ihrer Produktionseinstellung! — ihre Überlegenheit. Bei der East African Safari, der vielleicht schwersten Rallye der Welt, hatten die indischen Brüder Singh die Nase vorn und pilotierten ihren PV 544 zum Sieg.

Dabei hatte das Siegerauto seine eigene, höchst bemerkenswerte Geschichte: 1964 von der Volvo-Mannschaft (die jetzt von Gunnar Andersson geleitet wurde) nach Afrika gebracht, wurde es von Tom Trana bei einem Unfall schwer beschädigt und erreichte ebensowenig wie ein anderer Werks-Volvo das Ziel.

Der lokale Händler — Amazon-Motors — kaufte die traurigen Überreste und gab sie an die Singhs weiter. Die machten daraus wieder einen fahrbaren Untersatz — und waren plötzlich das winning-team!

Überhaupt schlugen sich die Autos aus dem kühlen Norden in den heißesten Regionen und auf den schlechtesten Pisten dieser Erde am besten.

Gunnar Andersson etwa, der wie Carl-Magnus Skogh heute noch bei Volvo beschäftigt ist und am Aufbau von „Volvo R-Sport" maßgeblichen Anteil hat, gewann 1959 den „Gran Premio Standard", ein 5000-Kilometer-Rennen in Argentinien, und Tom Trana wie Carl-Magnus Skogh die Akropolis-Rallye.

Aber natürlich wurden auch in klimatisch gemäßigteren Zonen Gesamtsiege herausgefahren — wie in der Bundesrepublik (Deutschland-Rallye), Großbritannien (RAC-Rallye) oder Schweden (Schweden-Rallye), um nur einige zu nennen.

Tom Trana und sein Beifahrer Sune Lindström, nachdem sie die RAC-Rallye (England) 1963 gewonnen hatten.

Gunnar Anderson gibt Gas — 1961 bei der Schweden-Rallye.

1966 wurden alle Werks-Einsätze von Volvo auf tragische Weise beendet. Bei den Vorbereitungen zur Rallye Akropolis war ein Service-Wagen von Volvo mit einem Lastwagen kollidiert, dessen Fahrer eingeschlafen war. Zwei Mann der dreiköpfigen Volvo-Besatzung fanden den Tod, woraufhin Volvo nicht nur sein Team zurückzog, sondern alle Aktivitäten auf diesem Gebiet einstellte (nicht zuletzt auf beträchtlichen Druck der schwedischen Öffentlichkeit).

Neben dem Rallye-Einsatz machten Buckels aber auch auf der Rennstrecke Furore! Egal, ob bei Berg- oder Rundstreckenrennen — die alten Schweden waren immer eine sichere Bank! Besonders erfolgreich schnitten sie überall dort ab, wo es neben Schnelligkeit auf Zuverlässigkeit ankam — wie beim 6-Stunden-Rennen auf dem Nürburgring im Frühjahr 1960. Dort wurde sowohl bei den serienmäßigen wie bei den verbesserten Tourenwagen die 1600-ccm-Klasse von Volvo gewonnen, beide Male mit beachtlichen Rundenzeiten: Das Team Audry/Vogel, gestartet in der Gruppe 1, kam auf einen Schnitt von 103,5 km/h, die in Gruppe 2 gestarteten Schramm/Schultze gar auf 108,6 km/h — eine Zeit, die für den Gesamtsieg ausreichte!

Beim Schorndorfer Bergrennen des selben Jahres gelang dem Borgward-Isabella-Fahrer Glinz und dem Buckel-Fahrer Floth das Kunststück, mit der exakt gleichen Zeit die Ziellinie zu überfahren und sich den Klassensieg kameradschaftlich zu teilen.

Besagter Horst Floth war übrigens einer der profiliertesten Buckel-Fahrer jener Zeit, der bei kaum einem Ereignis dieser Art fehlte. 1962 wurde der Berg-Spezialist sogar Deutscher Tourenwagen-Bergmeister in der Klasse bis 2000 Kubik.

Ebenfalls 1962 wiederholte Alfred Höber aus München seinen Vorjahres-Erfolg und sicherte sich erneut den Titel des Bergmeisters, allerdings in der 1600er Klasse.

Damit nicht genug: J. Maaßen wurde gleichzeitig Deutscher Tourenwagen-Rundstreckenmeister und komplettierte den Volvo-Triumph.

Im Unfall-Buckel zum Gesamtsieg: die Brüder Singh.

Hoch das Bein — leider sind die Folgen dieser Akrobatik nicht mehr bekannt!

Überhaupt erwies sich der Nürburgring als volvofreundliches Pflaster, wo viele Erfolge bis etwa 1964 errungen wurden. Dann bröckelte die Dominanz der Schweden-Mobile langsam ab. Anders als bei Rallyes, wo die Zuverlässigkeit ein wesentlich größeres Gewicht hatte, drängten schnelle Konkurrenten mehr und mehr nach vorne. In der 1600er-Klasse hießen sie Alfa Romeo Giulia und vor allem Ford-Lotus Cortina, in der nächsthöheren Kategorie machten BMW und Lancia Flavia Zagato dem Volvo das Siegen schwer.

Das gelang erst gut zehn Jahre später wieder — beim sogenannten Rallye-Cross. Bei dieser hauptsächlich in nordischen Ländern beliebten Sportart — oftmals mehr Crash als Rallye — wurden Buckels haufenweise lädiert — bis auch hier zunehmende Professionalisierung immer hochkarätigeres Renngerät (Porsche 911 oder Lancia Stratos etwa) zu einer ähnlichen Entwicklung führte wie Jahre vorher bei Rallyes und Rundstreckenrennen.

Deshalb ist es besonders schön, daß Buckels heute bei historischen Rennen wieder kräftig mitmischen.

Neben diesen drei Titeln gab es noch andere spektakuläre Resultate. So auf dem Nürburgring beim 12-Stunden-Rennen, wo die Teams Maaßen/Theissen, Baumann/Heine und Schiffer/Bialas, alle auf PV 544, gleich die ersten drei Plätze in der 1,6-Liter-Klasse belegten, während Weisgerber/Grab (544), Feltes/Dörner (Volvo Amazon) und Kronenberg/von Kothen (544) das gleiche Ergebnis in der 2-Liter-Kategorie ablieferten. Die schnellste Runde hatte hier Neerpasch, ebenfalls auf Volvo, vorgelegt, war aber ausgeschieden. Jochen Neerpasch übrigens verdiente sich erste Sporen auf Volvo, bevorzugte aber den Amazon.

Siegertyp: der Buckel und seine 1. Plätze.

Schweden-Rallye:	1957	T. Jannsson, PV 444
	1958	G. Andersson, PV 444
	1964	T. Trana/
	u. 1965	G. Tharmaenius, PV 544
Safari-Rallye:	1965	J. Singh/J. Singh, PV 544
Rallye Akropolis:	1964	T. Trana/
		G. Tharmaenius, PV 544
1000-Seen-Rallye:	1959	G. Calbo/V. Nurminaa, PV 544
RAC-Rallye:	1963	T. Trana/S. Lindström, PV 544
	1964	T. Trana/G. Tharmaenius, PV 544

Zur Rallye Akropolis gehörte als Sonderprüfung ein halbstündiges Rundstrecken-Rennen, das auf dem Athener Flughafen ausgetragen wurde.

Nur Fliegen ist schöner? — Anderson bei der Arbeit.

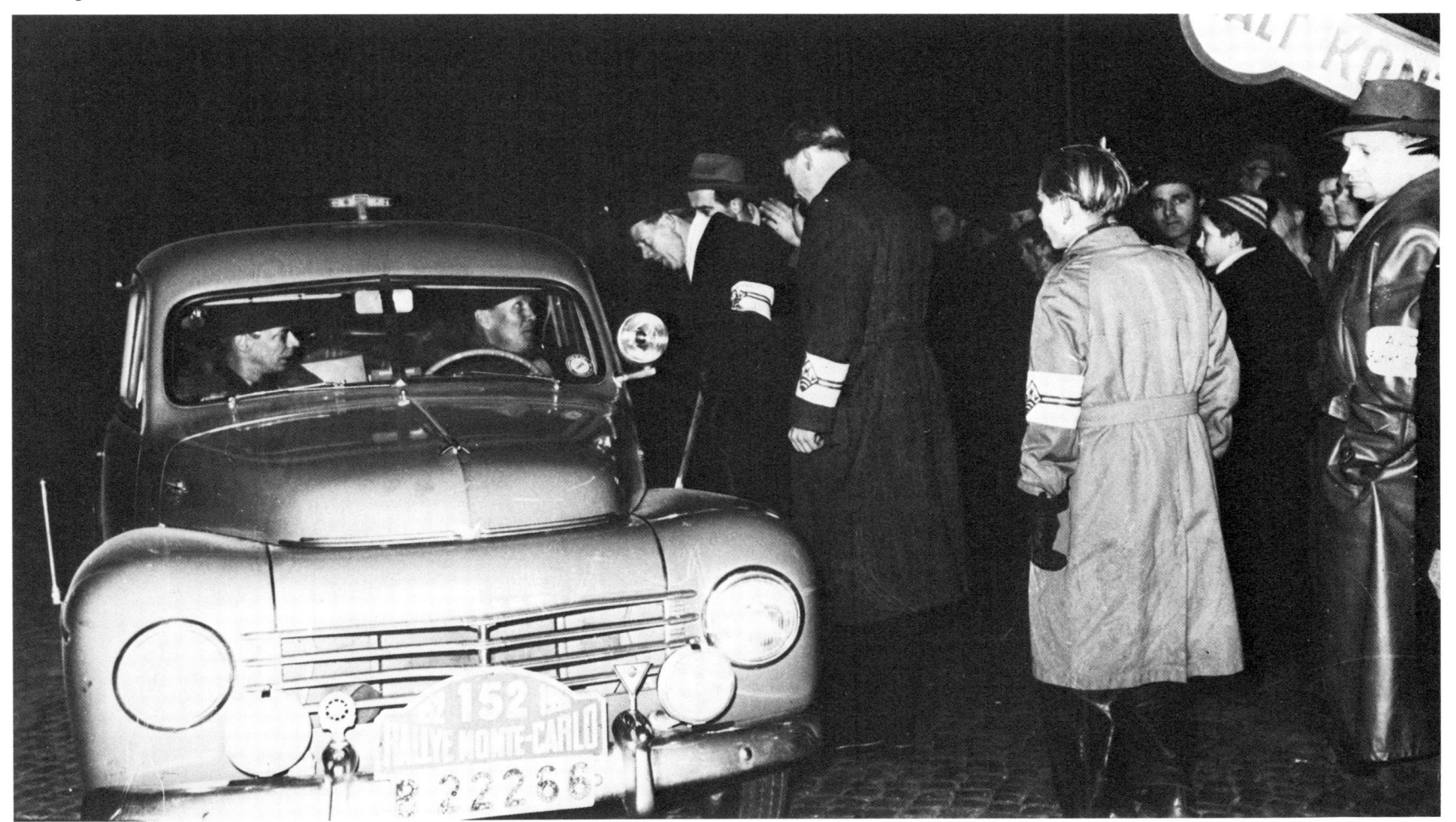

Rallye Monte Carlo 1952. Der „Kuckuck" auf dem Dach konnte nichts am enttäuschenden Abschneiden ändern!

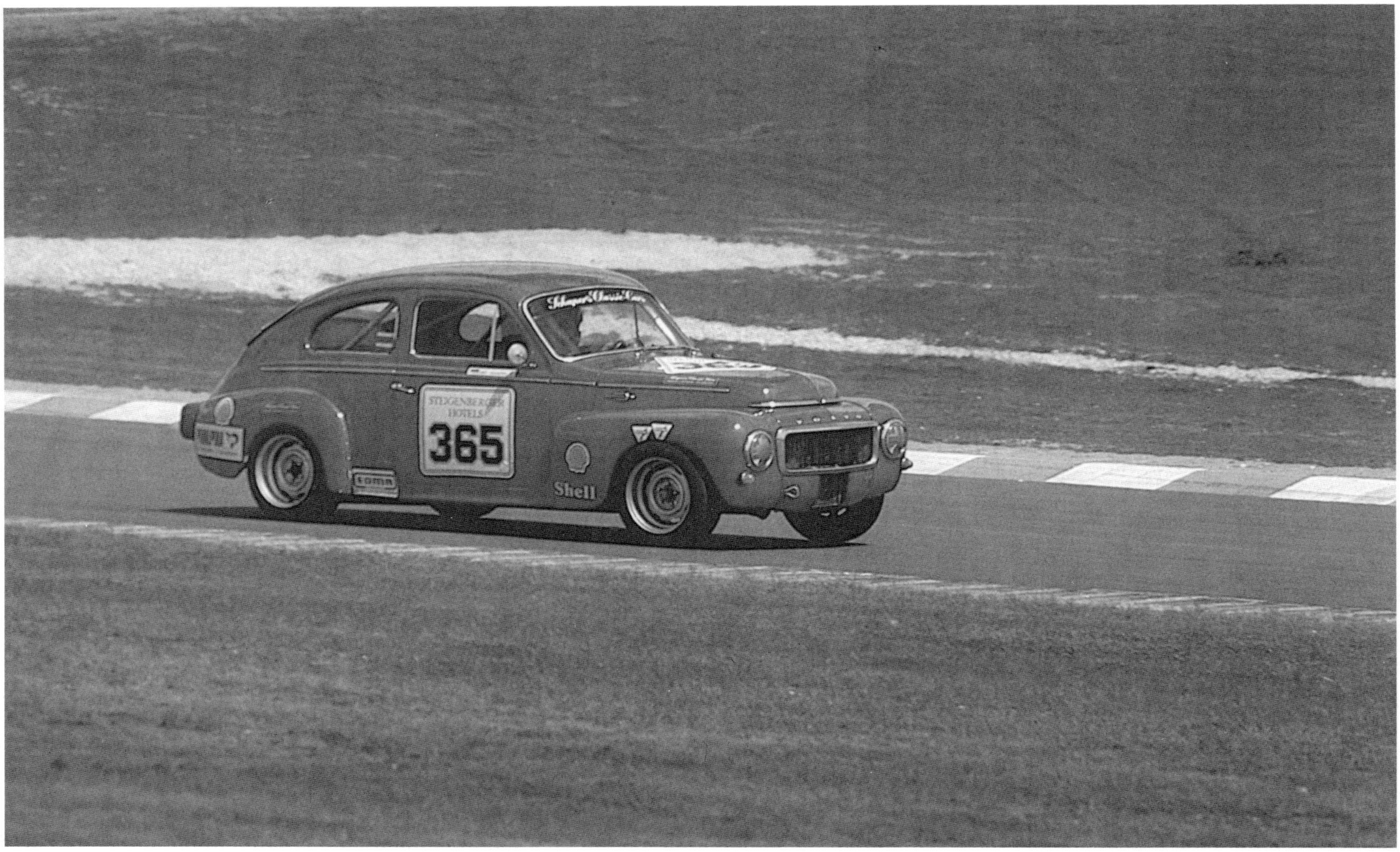
STEIGENBERGER HOTELS
365
Shell

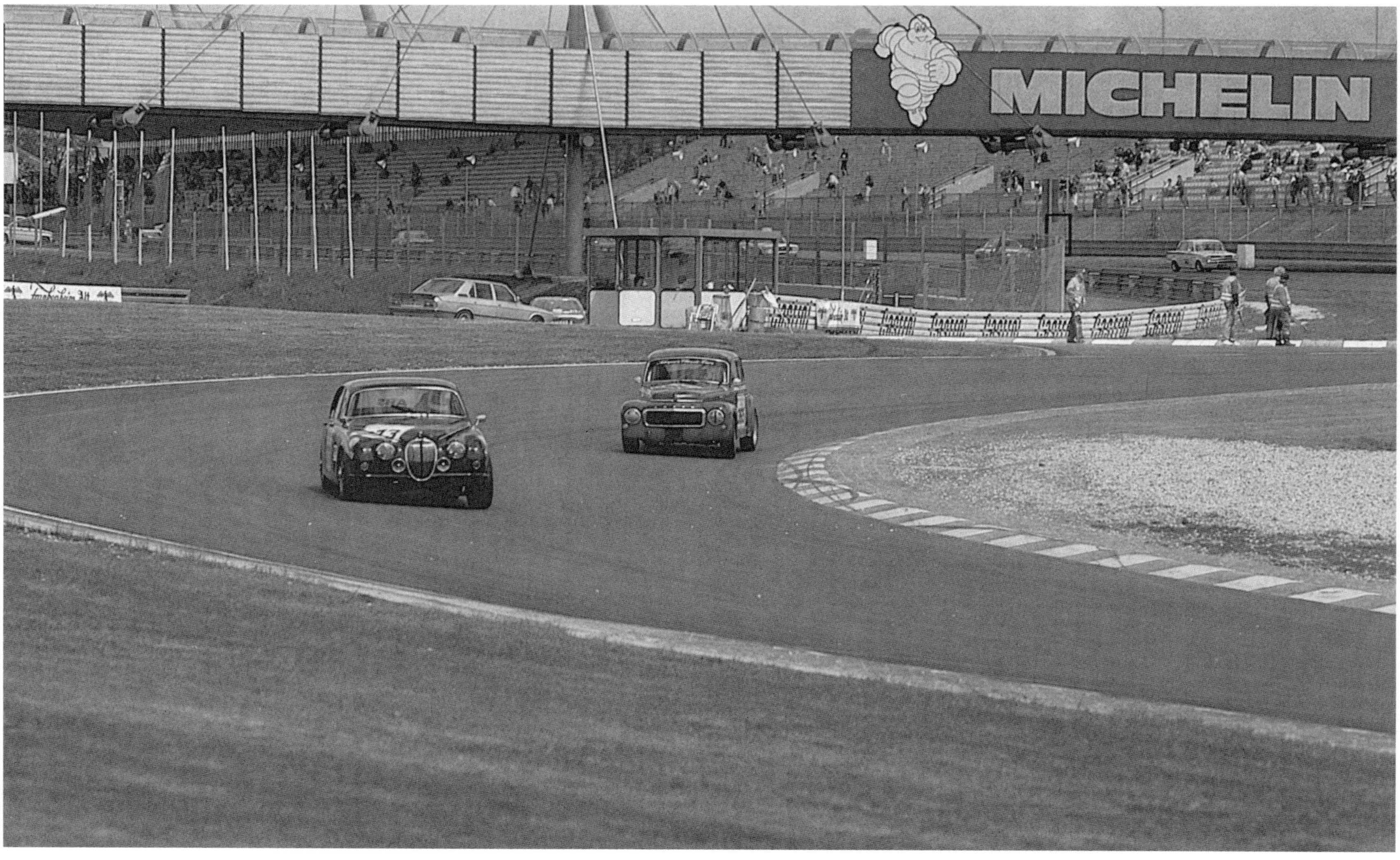
MICHELIN

Alte Volvos bleiben ewig jung: Parade „ganz alten Eisens".

Schreckt vor nichts zurück: Buckel (wenn man dieses Gefährt noch so nennen darf) beim Dragracing.

◄ PV 444 und 544 schlugen sich nicht nur in den fünfziger und sechziger Jahren hervorragend: Auch heute noch heizen sie der Konkurrenz kräftig ein, wie hier bei einem Oldtimer-Rennen.

Tuning gestern und heute

Die ersten Überlegungen zur Leistungssteigerung des B 4 B-Motors stammen von Helmer Petterson, der noch bei der Prototypenerprobung mit der für die Serienfertigung geplanten Leistung nicht zufrieden war. Seine damals angestellten Überlegungen führten denn auch Anfang der fünfziger Jahre zum B 14 A-Sportmotor — oder sollte man besser Exportmotor sagen —, denn er war in Schweden nicht lieferbar, da die mit dem Sportmotor versehenen Modelle (PV 444, PV 445 und P 1900) fast ausschließlich in den USA verkauft wurden.

Aber man wußte sich zu helfen, auch wenn die Volvo-Oberen jeglicher Art von motorsportlichem Wettbewerb abgeneigt waren. In Schweden bildete sich eine Elite von auf Volvo-Motoren spezialisierten Tunern heraus (u. a. Hedlund und Korhonen). Den B 4 B-Motor versahen sie wahlweise mit doppelten Carter- oder Zenith-Vergasern des Einvergasermotors, wozu sie sich aus entsprechenden Rohren eine neue Ansaugbrücke schweißten (die serienmäßige Auspuffanlage spielte — wegen ihrer guten Abstimmung — da problemlos mit) oder mit einem Paxton-Kompressor versahen, wodurch die Leistung bis auf ca. 60 bis 70 SAE-PS bei weitaus verbessertem Drehmomentverlauf gesteigert werden konnte.

Werkseigenes Tuning zeigten Volvos eigene Sportmotoren (B 14 A, B 16 B und B 18 D in den einzelnen Buckelmodellen), alle gegenüber den Standardmotoren mit erhöhter Kompression, schärferer Nockenwelle und SU-Zweivergaseranlage. Die Möglichkeiten des B 4 B-Motors waren mit 70 SAE-PS — vor allem für die damaligen Benzin- und Ölqualitäten — eigentlich ausgeschöpft, denn nitriergehärtete Kurbelwelle, Dreistofflager und größere Ventile stellten in den fünfziger Jahren das Maximum dar. Mehr Leistung wurde eigentlich erst durch die 1,6- und 1,8-Liter-Maschine möglich. Während das B 16-Aggregat mit seiner dreifach gelagerten Kurbelwelle als größtem Handicap nur die Weiterentwicklung des B 4 B bzw. B 14 A-Motors war (für den B 16 B-Sportmotor übernahm man einfach die geschmiedete Kurbelwelle des B 14 A-Motors), stellte die 1,8-Liter-Maschine eine vollkommene Neukonstruktion dar. Wem hierbei die serienmäßige Leistung nicht ausreiche, mußte sich selbst ans Werk machen und nach den Regeln des klassischen Tuning vorgehen:

— Erleichtern, Polieren und Präzisionsverwiegen der Pleuel

— Präzisionsverwiegen der Kolben

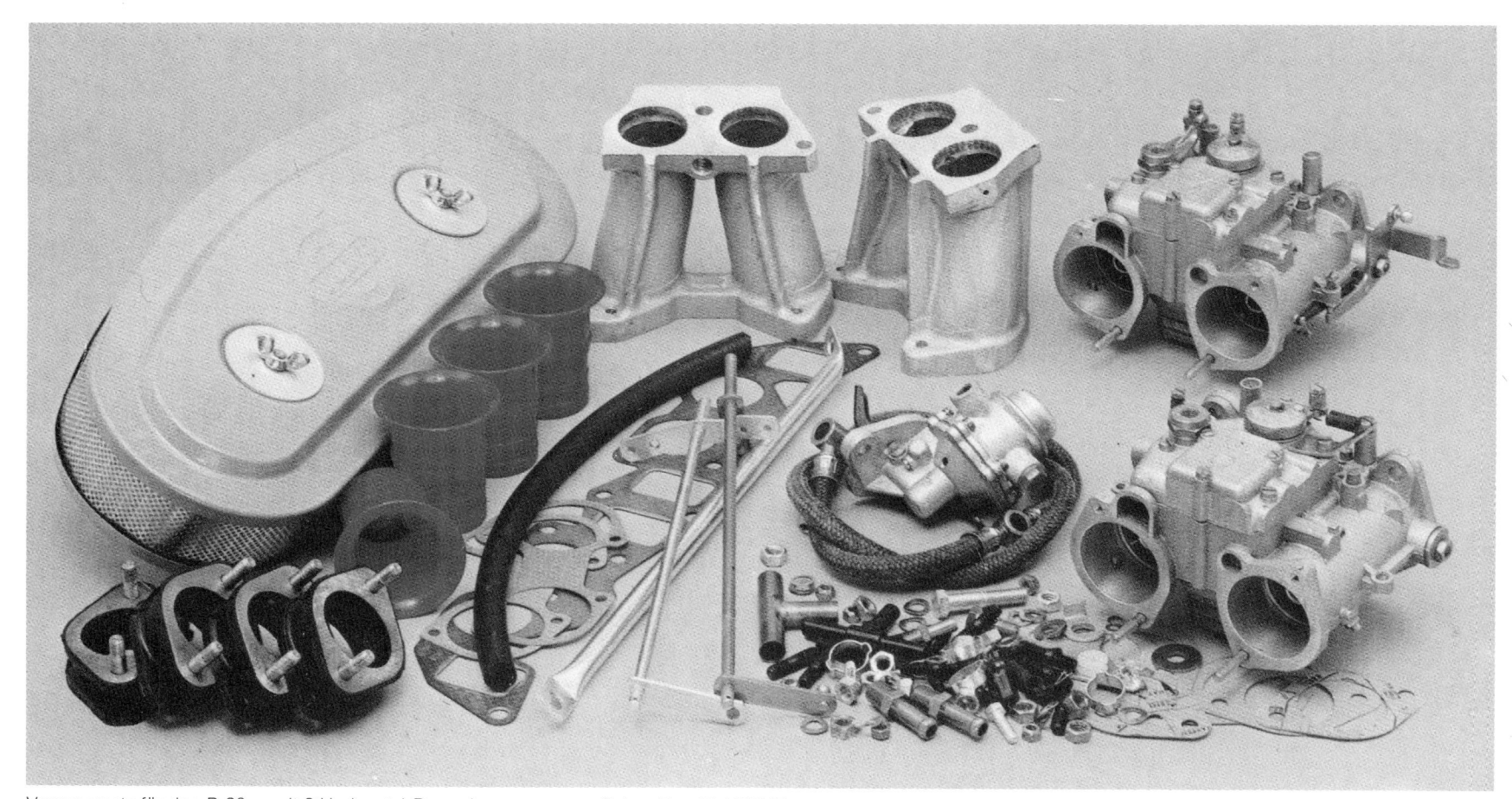

Vergaseratz für den B 20 — mit 2 Horizontal-Doppelvergasern von Solex, Typ 45 ADDHE.

Im Neuzustand: Motorraum eines getunten Buckels.

- leicht erhöhtes Laufspiel der Kolben
- Feinwuchten der Kurbelwelle zusammen mit der erleichterten Schwungscheibe und der Kupplung (dynamisches Auswuchten)
- Polieren und Begradigen der Ansaugkanäle
- Auslitern der Brennräume
- Erhöhung der Verdichtung
- Härtere Ventilfedern
- Umbestückung der serienmäßigen SU-Vergaser
- Schärfere Nockenwelle
- Verstärkte Kupplung
- Rennauspuffanlage, zur Verbesserung des Drehmoments Fächerkrümmer
- Erleichtern des gesamten Fahrzeugs
- Fahrwerksverbesserungen und Änderung der Hinterachsübersetzung

Eine der gebräuchlichsten Modifikationen waren doppelte Stoßdämpfer an der Vorderachse (also insgesamt 4 Stück), d.h. auf jeder Seite saßen vor und hinter der Achse je ein Stoßdämpfer. Hierzu mußten die Stoßdämpferhalterungen an Achsschenkelhalter und oberem Dreieckslenker verändert werden. Diese Modifikation kam hauptsächlich für den harten Rallyeeinsatz als einfache Vorderachsverstärkung zur Anwendung, hatte aber ab 1961 (Vorstellung der Lucas-Girling-Scheibenbremsanlage vom P 1800 im Amazon) den Nachteil, daß die Scheibenbremsanlage des Amazon-Sport damit nicht übernommen werden konnte. Für den harten Rallyeeinsatz, z.B. bei der East-African Safari, fuhr man deshalb lieber mit Trommelbremsen und doppelten Stoßdämpfern, denn schließlich wollte man ja schnell fahren und nicht schnell bremsen...

Wie aus dem B 20 ein 2,2 l mit 180 PS wird.

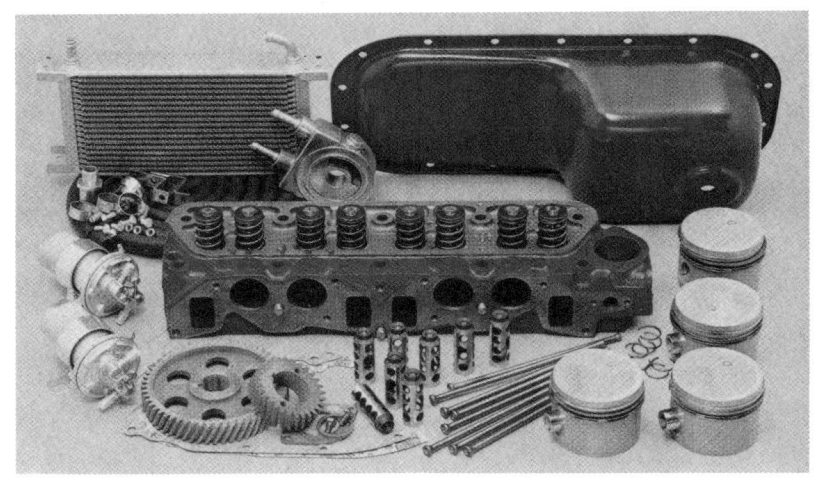

Wer bei 2 l bleiben will, muß sich mit 170 PS begnügen!

Beim Thema Fahrwerksverbesserung dürfen natürlich andere Felgen und Reifen nicht fehlen. Von Volvo selbst waren Tiefbettfelgen 5,5"J x 15" erst ab 1966 (für das Modell 123 GT) lieferbar und viele Buckel wurden nachträglich umgerüstet. Zuvor behalf man sich mit Felgen von amerikanischen Ford-Fahrzeugen, die bei identischem Lochkreisdurchmesser (4 1/2") als 5-Loch-Felge problemlos bei Volvos 444 C bis 544 G paßten und mit den unterschiedlichsten Breiten und Einpreßtiefen erhältlich waren.

Für die 1,6-Liter-Maschine waren so ca. 110 (leider nicht vollgasfeste) PS und für die 1,8-Liter-Maschine max. 130 (mit anderen Vergasern, z.B. Weber oder Solex) bis 140 PS erzielbar. Mehr Leistung wurde eigentlich erst möglich, als Volvo sein eigenes R-Sport-Programm herausbrachte, das eigene, speziell entwickelte Nockenwellen enthielt. Nun wurde ein weiterer Leistungssprung möglich, der eigentlich nur von der Materialfestigkeit begrenzt wird, denn spätestens mit dem Ende der Baureihe PV 544 war jedem klar, daß die B 18-Maschine mit ihrer ohv-Konstruktion veraltet war und in absehbarer Zeit von einer ohc-Maschine abgelöst werden müßte (was aber erst Mitte der siebziger Jahre geschah).

Heute ist die Leistung eines B 18-Motors durch ein breites Angebot an Tuningteilen bis ca. 220 DIN-PS steigerbar. Der Aufwand ist allerdings immens, denn man darf nicht vergessen, daß es sich um eine „Stoßstangenkonstruktion" handelt. Folglich liegt einer der Hauptleistungsgewinne in der Minimierung der Kipphebelreibung (nadelgelagerte Kipphebel mit Rollendaumen). Da Hubraum durch nichts zu ersetzen ist, außer durch noch mehr Hubraum, bohrt man einerseits den Block bis ca. 2,3 Liter auf und schleift die Hubzapfen der Kurbelwelle exzentrisch (Hubverlängerung), wodurch sich ein maximaler Hubraum von ca. 2,5 Liter ergibt. Aufwendig sind auch Kopfbearbeitungen zur Verbesserung des Gaswechsels mit Ventilen bis zur Größe 48/40 mm (statt 40/35 mm), Kanalbegradigung usw. Gefüttert von max. zwei Weber 55 Vergasern und entsorgt über eine 2,5-Zoll-Rennauspuffanlage mit Fächerkrümmer erlauben für Wettbewerbszwecke solche Modifikationen. Ein Kompromiß, z.B. für historische Rennen, zwischen Standfestigkeit und Lebensdauer dürfte bei ca. 180 PS liegen, und hiermit kann man den großen Konkurrenten BMW, Alfa und Ford Cortina paroli bieten.

Für Beschleunigungsrennen wurden in Schweden auch V8-Motoren, Turboaggregate, 16 Ventiler usw. in Buckelkarosserien eingebaut (wobei aber meist nur noch eine dünne Kunststoffhaut die ehemaligen PV

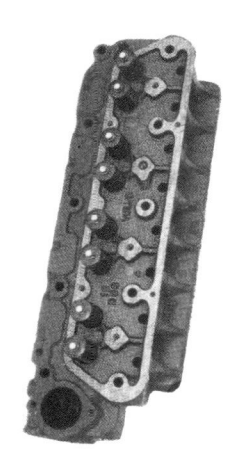

Spezial-Zylinderkopf B 20.

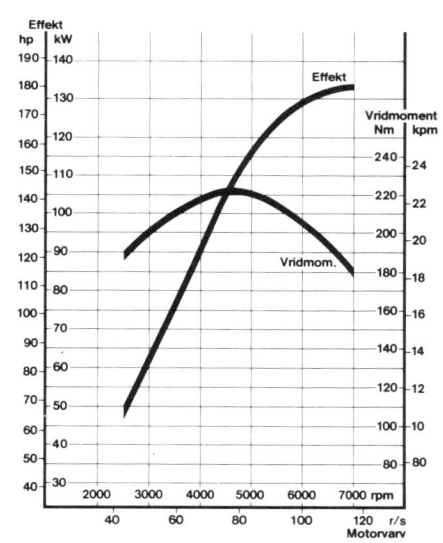

Leistungs-Diagramm des 2,2 l.

Fächerkrümmer.

Der gleiche Motor aus anderem Blickwinkel.

Imponierende Erscheinung: Buckel im Renntrim. ▶

544-Konturen erahnen lassen). Für den heutigen Alltagsbetrieb sind ca. 140 bis 150 PS die Obergrenze.

Seit Mitte der sechziger Jahre bot Volvo fertige Tuningsätze an. Die bekanntesten sind die sog. 128 PS- und 140 Sätze. Beide Sätze enthalten: Spezial-Zylinderkopf mit erhöhter Verdichtung (11:1), größere Einlaßventile und verstärkte Ventilfedern, Spezial-Nockenwelle, Fächerkrümmer, Dreistoffkurbelwellenlager. Der 128 PS-Satz

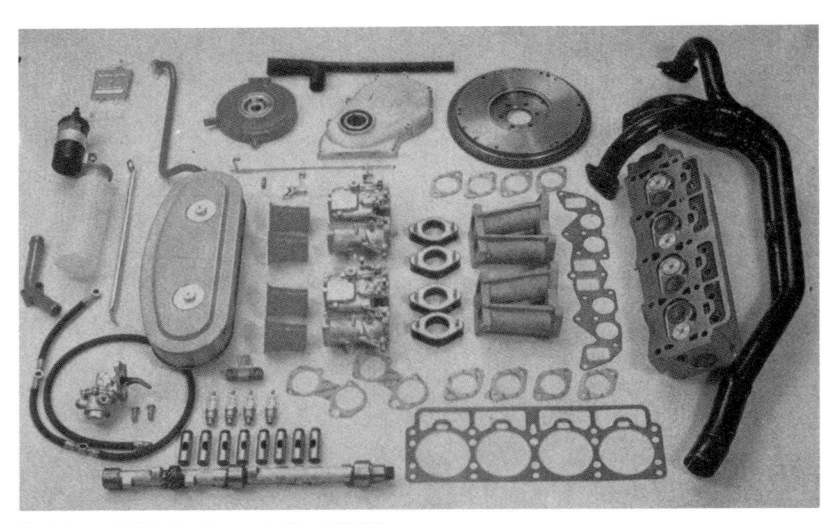

Gut Gas: B-20-Umbausatz für 140 PS.

enthielt für die beiden SU HS 6-Vergaser zudem andere Vergasernadeln und Vakuumkolbenfedern, während der 140 PS-Satz auch eine andere Vergaseranlage beinhaltet (2 Horizontal-Doppel-Vergaser Solex 45 ADDHE). Letzterer wird auch heute noch in Schweden von Volvo R-Sport angeboten. Notwendig ist aber immer ein Ölkühler.

Das komplette Tuning-Kit erhöht die Leistung auf 140 PS.

133

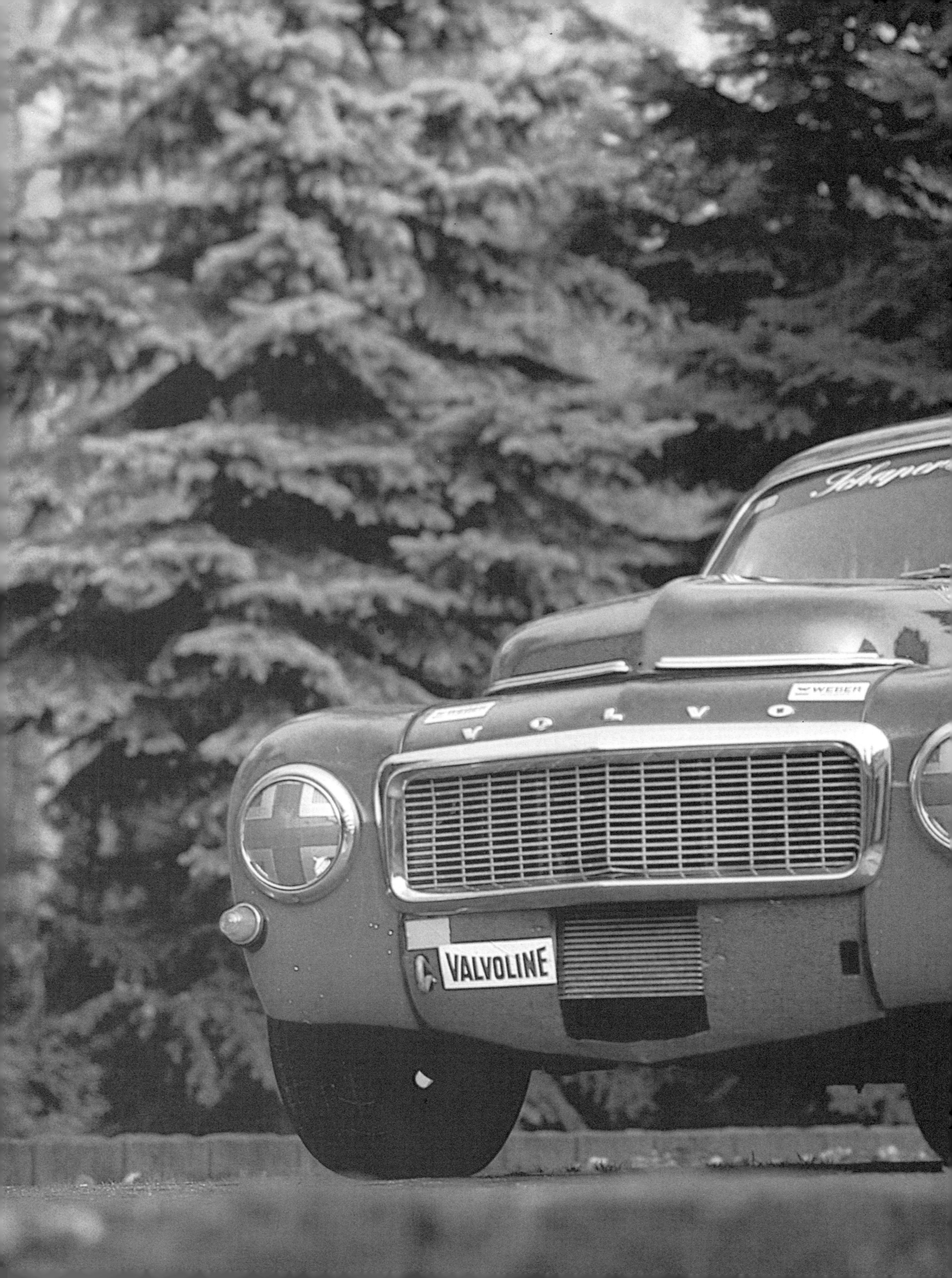
VOLVO
WEBER
VALVOLINE

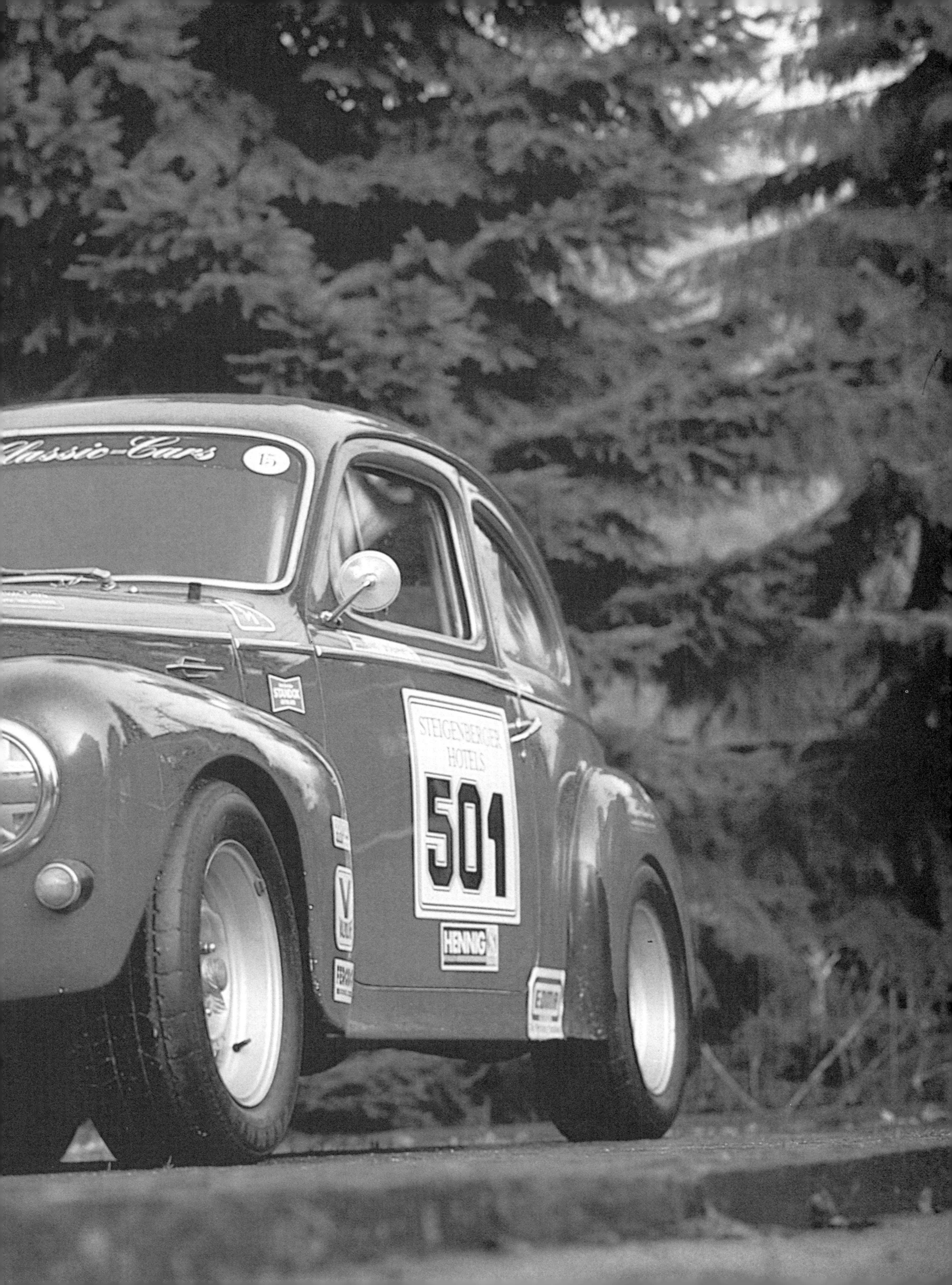

Classic-Cars
15
STEIGENBERGER
HOTELS
501
HENNIG

Sonder- und zeittypisches Zubehör

Vieles von dem, was wir heute als eine Selbstverständlichkeit ansehen, ohne das wir kein Neufahrzeug mehr kaufen würden, gehörte lange Zeit zum aufpreispflichtigen Zubehör. Das liegt zum überwiegenden Teil am veränderten Nutzungsverhalten (und zum geringeren Teil an modischen Erscheinungen). Bis in die fünfziger Jahre hinein bildete die ganzjährige Nutzung des Fast-Luxusartikels Automobil eher die Ausnahme. Zum einen nämlich bereitete der Frostschutz des Kühlsystems mit Alkohol (Spiritus) Probleme, und zum anderen waren die wenigsten Automobile für ganzjährigen Betrieb ausgelegt: sie besaßen keine Heizung. Bei Volvo war das nicht anders. Vielleicht waren es gerade die skandinavischen Winter, die viele Besitzer ihr Fahrzeug über Winter stillegen ließen… und wozu braucht ein stillgelegtes Fahrzeug eine Heizung. Das geänderte Nutzungsverhalten in den fünfziger Jahren zwang schließlich auch Volvo dazu, beim Modell PV 444 E (ab 1954) serienmäßig eine Heizung einzubauen, die es vorher als Modell BV-1 (bis Modell 444 C) und dann als BV-6 nur gegen Aufpreis oder zum nachträglichen Einbau gab, denn in der Spritzwand waren bei allen Modellen serienmäßige Montageaussparungen vorhanden.

Schon bei seinen ersten Auslieferungen konnte sich Volvos PV 444 vor Sonderzubehör kaum retten. Durch den mehrmals verzögerten Beginn der Serienfertigung hatte sich eine lange Warteschlange von Leuten gebildet, von denen viele bereit waren, für die sofortige Lieferung einen satten Aufpreis zu zahlen. Andere wiederum, die ihren Volvo gerade geliefert bekommen hatten, nutzten die Gunst der Stunde und verkauften ihn sofort wieder; natürlich mit kräftigem Aufpreis, indem man sich u.a. das schnell eingebaute Sonderzubehör „vergolden" ließ. Insofern gibt es kaum einen Buckel-Volvo ohne Sonderzubehör, und wenn es auch nur — nachdem es seit Anfang der fünfziger Jahre die Unterteilung in Standard- und Spezialmodell gab — die nachträgliche Umrüstung in ein S-Modell war oder seitdem es US-Modelle gibt, der nachträgliche Umbau auf sog. Amerika-Stoßstangen.

Am häufigsten wurde an sog. Standardzubehör Schonbezüge, Lenkradbezüge, Blumenvasen, Bordsteintaster, Weiswandreifen, Flaggenständer, Fahrradhalter, Sonnenschute und Löwentatze (als Auspuffendrohr) montiert. Mit dem Aufkommen der Sportmodelle kamen Zusatzscheinwerfer, Drehzahlmesser und — vor allem in den roten B 18-Sportmodellen fast ein Muß — aufsteckbare Nackenstützen hinzu, sowie seit Mitte der sechziger Jahre die sog. Tiefbettfelgen vom Nachfolgemodell Amazon.

Volvo erkannte sehr schnell, daß bei den Kunden ein Bedarf an Original-Volvo-Zubehör bestand und baute ein eigenes Zubehörprogramm auf. Am häufigsten wurden daraus wohl die Original-Volvo-Ersatzkanister verkauft, besteht doch eines der größten Handicaps des Buckelvolvos in seinem mit 36 Liter Fassungsvermögen viel zu kleinen Tank. Desweiteren umfaßte das Volvo-Programm spezielle Koffersätze, Gummimatten, Dekken, Picknickausrüstungen, Schmutzfänger usw., natürlich alle mit Volvo-Emblem, ja selbst Manschettenknöpfe. Daneben gab es für die älteren PV 444-Modelle mit unterdruckgesteuerten Scheibenwischern (bis PV 444 K) einen Vakuumtank, der verhindern sollte, daß beim Gasgeben (z.B. beim Überholen), wobei der Unterdruck im Ansaugkrümmer kurzfristig zusammenbricht, der Scheibenwischer stehenbleibt, was gerade beim Überholen oft zu brenzligen Situationen führte.

Manschetten-Knöpfe für den Buckel-Fan.

Des weiteren führte Volvo Suchscheinwerfer (amerikanische Fabrikate), Radios (fast ausschließlich Becker als Luxusmodelle — Monte Carlo und Europa — und Philipps als preiswerte Alternative), abschließbare Tankdeckel, diverses Winterzubehör (wie Eiskratzer, Motorheizung usw.) und Servicematerial (wie Ausbesserungsfarben, Wachs, Öl, Zündkerzensätze usw.), Sicherheitsgurte (bis zum serienmäßigen Einbau in PV 544 A), Scheibenwaschanlage, Ventilator für die Heckscheibe (es gab bis zur Produktionseinstellung nie heizbare Heckscheiben) und Rallyezubehör. Zum letzteren zählen hauptsächlich zwei Sonderzubehöre: zum einen der in Schweden entwickelte und in fast unveränderter Form noch heute gebaute und in Deutschland von VDO vertriebene Speed-Pilot von Halda sowie seit 1957 einen Bremskraftverstärker von Girling (dessen Nachfolgemodell ab 1961 in den Modellen P 1800 und Amazon Sport zu finden war).

Aus heutiger Sicht muß das Volvo-Sonderangebot verurteilt werden, für ca. 350 Kronen die alte geteilte Heckscheibe durch eine ungeteilte, größere ersetzen zu lassen (die ab dem PV 444 H-Modell zur Serienausstattung gehört). Damals sprachen eben rein praktische Überlegungen dafür, wie für die einteilige Frontscheibe für alle PV 444-Modelle, die in der Mitte geknickt ist, wodurch der sichtbehindernde mittlere Steg wegfällt.

Viele Fahrzeuge wurden nachträglich auch mit einem Stahlschiebedach versehen (meist von Golde).

Nach einigen Jahren der Erprobung hatte Volvo im Herbst 1953 auch eine selbstentwickelte Sonderausstattung für Körperbehinderte vorgestellt. Hierbei wurden die benötigten Kräfte über ein Servogerät, das mit Unterdruck aus dem Ansaugtrakt arbeitet, verstärkt. Damit ein so umgebautes Fahrzeug auch normal gefahren werden konnte, wurden alle Pedale beibehalten. Diese Sonderausstattung konnte individuell kombiniert werden und kostete je nach Umfang zwischen 500 und 1000 Kronen. Sie war so konzipiert, daß sie für jedes Klima leichteste Bedienbarkeit und hohe Fahrsicherheit garantierte.

Am Ende soll noch eines der witzigsten Zubehöre erwähnt werden: Der Einschlafverhinderer. Es handelte sich hierbei um eine Erfindung aus dem Land der begrenzten Unmöglichkeiten, bei der der Fahrer eine Art Kontakt zwischen den Zähnen hielt, und sobald er anfing einzuschlafen und ihm der über ein Kabel mit dem Steuergerät verbundene Kontakt aus dem Mund fiel, ein schriller Pfeifton ertönte. Bei längeren Nachtfahrten sollte das Gerät sich angeblich positiv auf die Verkehrssicherheit auswirken ...

Gehörte einfach dazu: Blumenvase im Stil der Zeit.

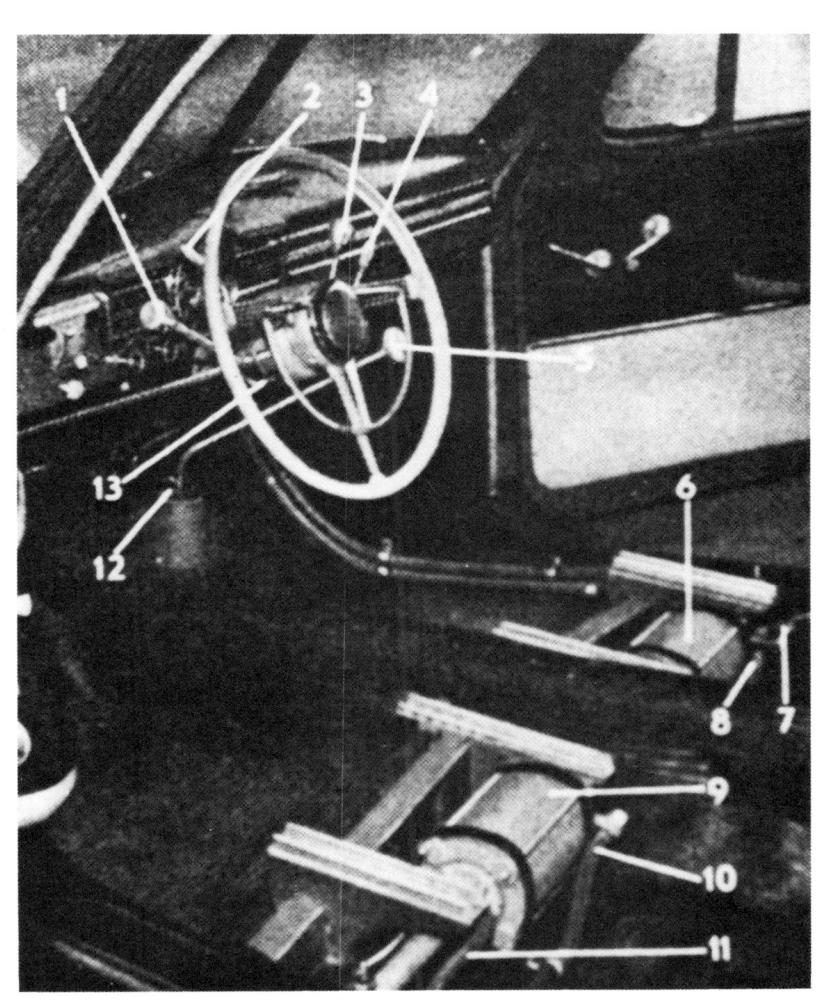

Die komplette Behinderten-Ausrüstung.

◀ „Lampenschirm", hier am K-Modell.

137

Ventilator

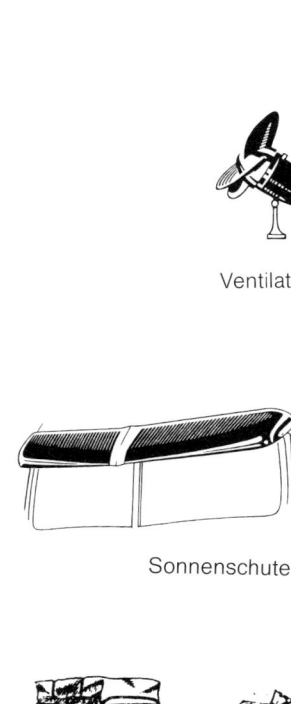

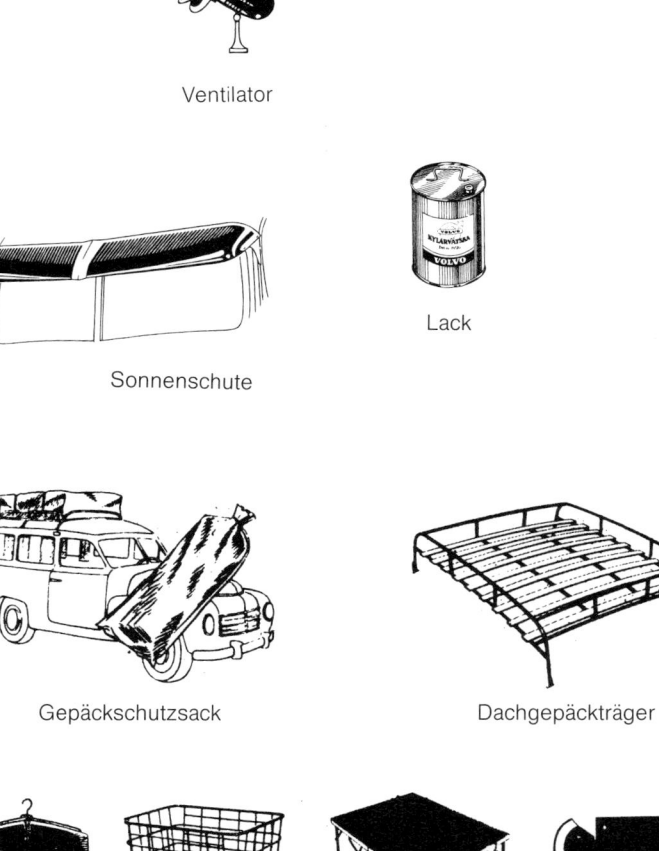

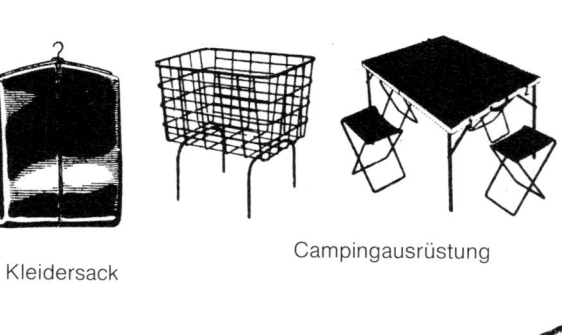

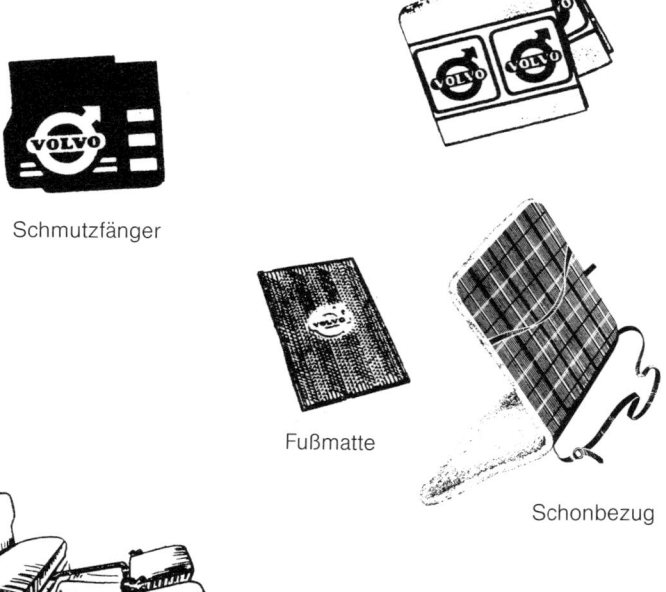

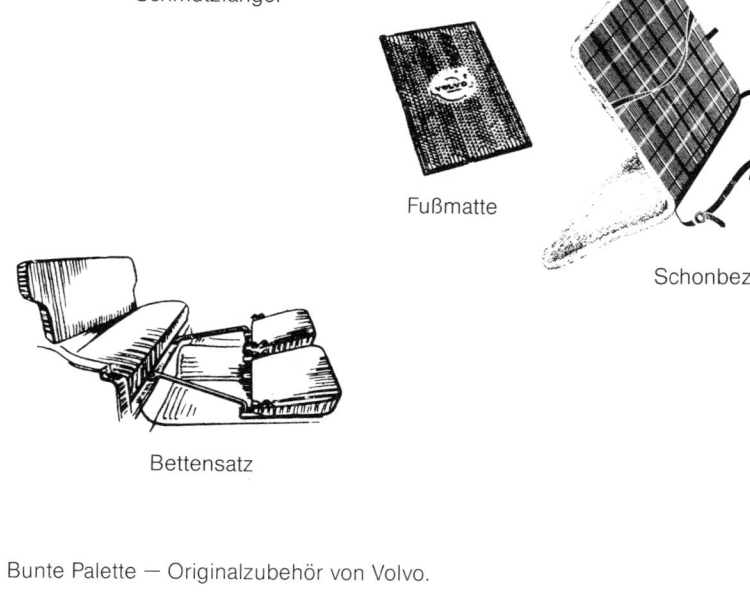

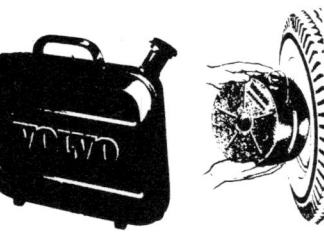

Öl

Sonnenschute

Lack

Ersatzkanister

Koffersatz

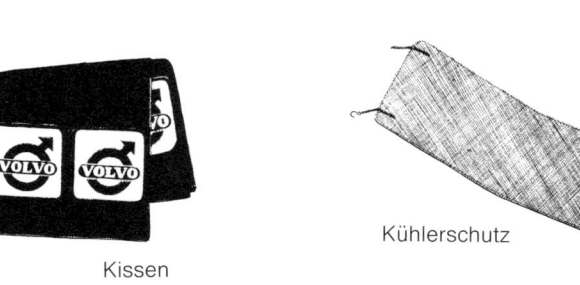

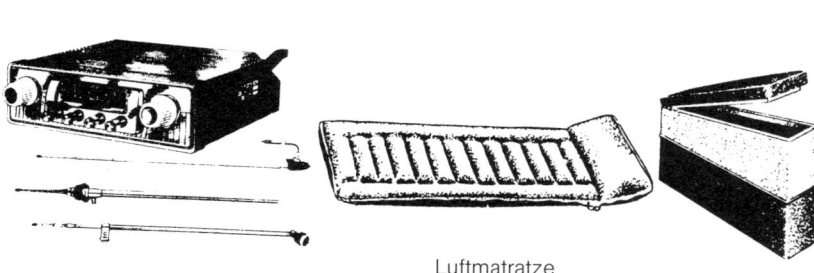

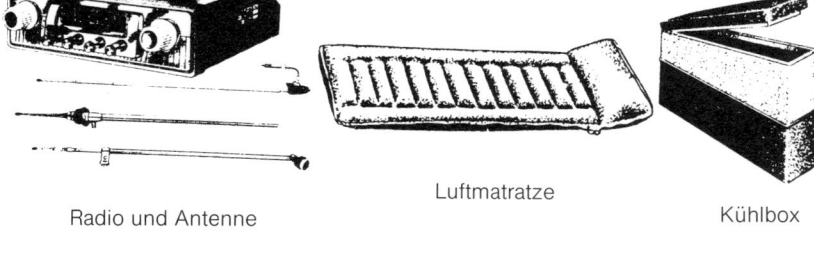

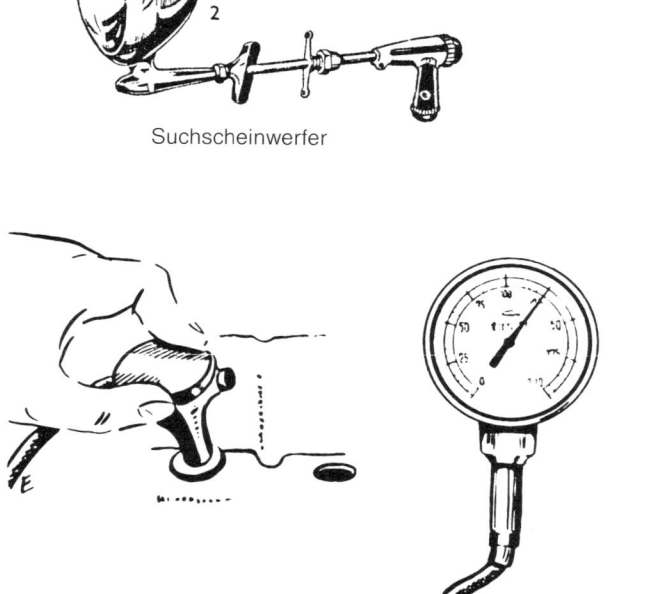

Gepäckschutzsack

Dachgepäckträger

Kissen

Kühlerschutz

Kleidersack

Campingausrüstung

Schmutzfänger

Radio und Antenne

Luftmatratze

Kühlbox

Schmutzfänger

Suchscheinwerfer

Fußmatte

Schonbezug

Bettensatz

Bunte Palette — Originalzubehör von Volvo.

Kompressions-Prüfgerät.

Kaufberatung

Obwohl dem buckligen Schweden der Ruf vorauseilt, eine extrem harte und widerstandsfähige Natur zu besitzen, geht natürlich auch an einem Volvo die Zeit nicht spurlos vorbei. Der schwedische TÜV gibt seine Lebensdauer mit 17 Jahren an, d. h. 17 Jahre nach Produktionsende der einzelnen Modelle bewegte sich noch die Hälfte der in Schweden verkauften Fahrzeuge auf den nordischen Straßen.

Da auch Schwedenstahl rostet und die beste Mechanik verschleißt, sollte beim Kauf vor allem die Karosserie untersucht werden. Sie ist zwar sehr robust, aber nicht frei von korrosionsgefährdeten Stellen, die genauestens inspiziert werden sollten:

— Türunterseiten auf Durchrostung

— Kotflügel vorne um die Lampentöpfe (und diese selbst) und an den Verschraubungen sowie das Spritzblech zwischen Kotflügel und Motorraum

— Kotflügel hinten um den Steinschlagschutz und die Rückleuchtengehäuse, um den Radlauf und um die Verschraubung

— hintere Radkästen innen und den oberen Wulst (Radlauf).

Kommt der Rost zwischen Keder/Karosserie/Kotflügel heraus? Wird das Fahrzeug als neu lackiert angepriesen und die Keder sind mitlackiert, kann man davon ausgehen, daß es sich um eine reine Verkaufslackierung handelt.

— Türschweller, besonders hintere Schwellerecken

— Frontmaske

— Kofferraum, besonders Ersatzrad- und Werkzeugmulde.

Befindet sich hier Rost, ist der Kofferraum undicht, was folgende Ursachen hat: a) Radkästen (s. o.), b) Feststellmechanismus des Kofferraumdeckels defekt: Viele glauben, die Heckklappe könne durch festes Niederdrücken geschlossen werden, weil sie nicht wissen, daß man erst anheben muß, wodurch die Befestigung des Feststellmechanismus einreißt und die Klappe nicht mehr fest schließt, c) Dichtung.

— Innenraumboden, besonders unter dem Fahrersitz. Ursachen: a) Scheiben undicht, b) Heizung bzw. Thermostatventil leck, c) Dichtungen der Pedale verrottet. Bei dieser Gelegenheit die Gummis der Pedalwelle und das Spiel der Pedalhebel überprüfen

Heute werden Buckels häufig auf vordere Scheibenbremsen umgerüstet.

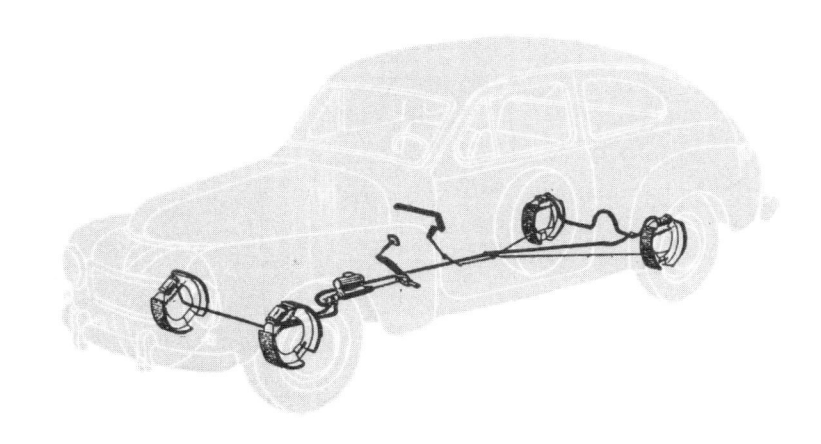

Gebremst wurde bei sämtlichen Buckelmodellen mit vier Trommeln.

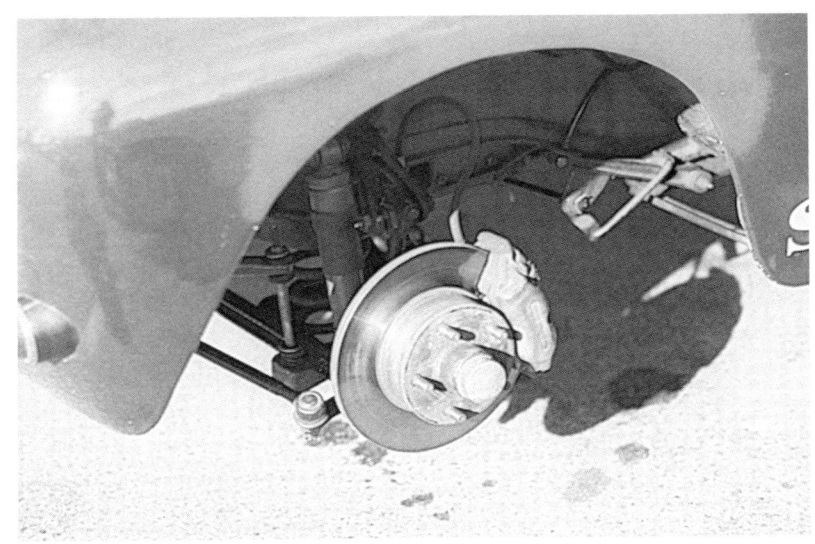

Schwachpunkt Vorderachse und Bremsanlage.

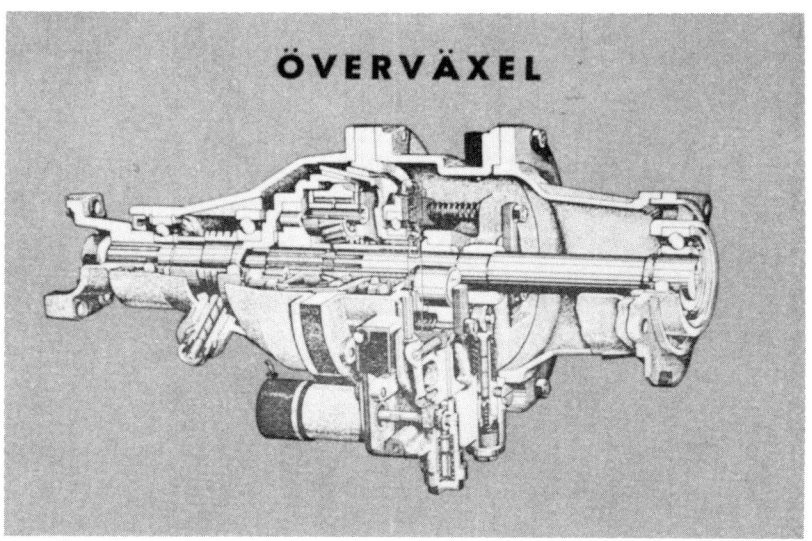

Der „Överväxel", also das Overdrive, hätte vor allem dem Duett mit seiner „kurzen" Hinterachse gut gestanden. Leider war es serienmäßig nicht lieferbar.

— Rahmenholme vorn (auf der Fahrerseite läuft die Pedalwelle hindurch) und hinten

— Auflagefläche zwischen Vorderachsträger und Längsholmen

An der Vorderachse bedürfen die unteren Querlenker dort erhöhter Aufmerksamkeit, wo die Spiralfedern ihren Sitz haben (mit einem Hammer abklopfen). Diese Stelle rostet oft durch und eine beim Fahren nach unten herausspringende Feder gehört zu den weniger schönen Überraschungen. Generell ist die Buckelvorderachse sehr verschleißfreudig: Mangelnde Wartung (Abschmieren) und 5,5-Zoll-Felgen mit breiten Reifen (bis 195/65-15 statt der serienmäßigen 165-15) tun ihr Übriges dazu, daß Bundbolzen und Achsschenkelbolzen erneuert werden müssen.

Zu den absoluten Stärken des buckligen Schweden gehören zweifelsohne seine Motoren: die älteren B 4 B, B 14 und B 16 mit dreifach gelagerter Kurbelwelle und die neueren B 18-Motoren mit fünffacher Lagerung und Hauptstromölfilter. Die älteren Maschinen sind nicht unbedingt vollgasfest, aber alle Motoren sind extrem hart im Nehmen und langlebig. Laufleistungen bis 300 000 km sind keine Seltenheit. Problematisch sind allein die Neigung zu Undichtigkeiten an der Kurbelwelle (Filzdichtringe, die aber gegen Simmeringe ausgetauscht werden können, wenn die Lagerdeckel ausgedreht werden) und die Ersatzteilversorgung für die älteren Motoren (sehr problematisch sind Ölpumpen). Aufgrund der hohen Laufleistungen vieler Fahrzeuge neigen oft auch die Getriebe (H 1 bis M 40) zu defekten Synchronringen und Undichtigkeiten; letztere treten auch an den Hinterachsen auf (Typen ENV und Spicer). Liegt man bereits unter dem Fahrzeug, sollte man auch die Kardanwelle untersuchen: ausgeschlagene Kreuzgelenke und Spiel in der KW-Verzahnung des Schiebestücks gehören zur Normalität. Zu den Schwachpunkten zählt des weiteren die Bremsanlage mit ihren 4 Trommelbremsen, die — speziell für die Sportmodelle — als unterdimensioniert angesehen werden kann (Fading-Neigung). Außerdem neigt sie, wie bei allen Fahrzeugen mit vier Trommelbremsen, beim Anbremsen zum Schiefziehen, um erst bei gehörigem Pedaldruck mit gleichmäßiger Verzögerungsleistung aufzuwarten. Zudem treten für die ältere Ausführung (Modell 444) erhebliche Ersatzteilprobleme auf. Viele Buckelbesitzer haben deshalb die modernere Ein-Kreis-Bremsanlage des Nachfolgemodells Amazon mit vorderen Scheibenbremsen und Bremskraftverstärker eingebaut.

Überhaupt trifft man viele Buckel, die mit Amazon-Ingredienzen „modernisiert" wurden. Hierzu zählen neben der Bremsanlage noch 5,5-Zoll-Tiefbettfelgen und das Laycock-Overdrivegetriebe (alles eintragungspflichtig) sowie Vordersitze mit Kreuz- und Nackenstützen. Hierfür sowie für Modelle in Amerikaausführung (Rammbügel über den Stoßstangen) und solche mit Edelstahlauspuffanlage werden entsprechende Aufpreise gezahlt. Preisabschläge sind immer dann fällig, wenn bei einem modifizierten Fahrzeug die Originalteile fehlen. In den letzten Jahren hat die Preisentwicklung einen kräftigen Sprung nach oben gemacht. Dies deshalb, weil viele Fahrzeuge aus Skandinavien importiert werden. Buckels ohne deutschen Brief sollte man besonders auf den Zahn fühlen und nur nach Überprüfung der Übereinstimmung mit der deutschen ABE (nur für 544) zum Kauf erwägen.

Die Preisskala reicht von 300,— DM (Wrack) bis 30 000,— DM für Spitzenexemplare, die ausschließlich mit Neuteilen aufgebaut wurden. Für gute Originalfahrzeuge werden 5000,— DM bis 15 000,— DM gezahlt. Und die meisten sind dies auch wert.

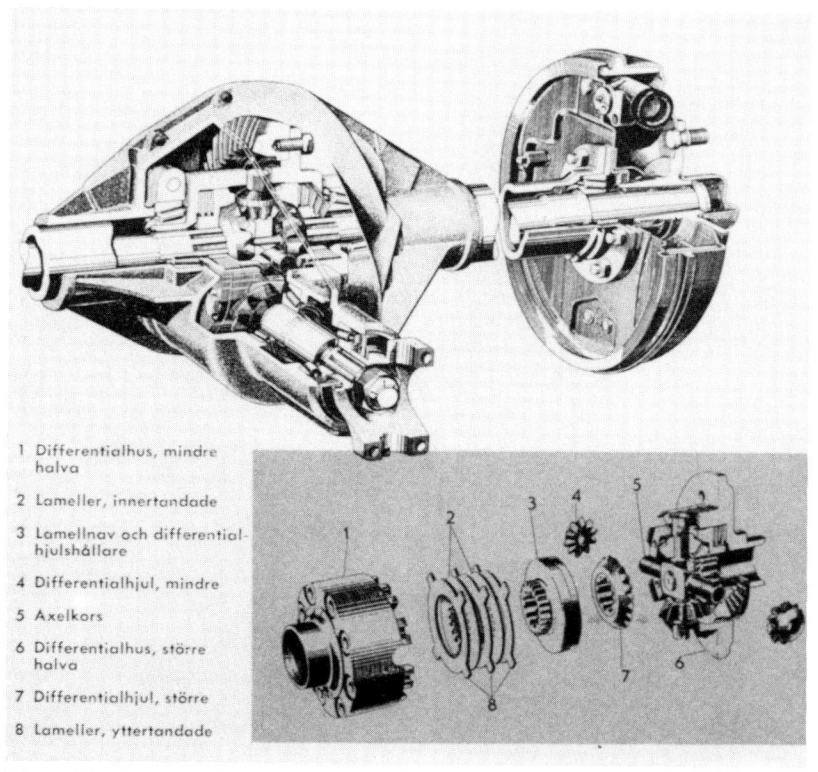

1 Differentialhus, mindre halva
2 Lameller, innertandade
3 Lamellnav och differentialhjulshållare
4 Differentialhjul, mindre
5 Axelkors
6 Differentialhus, större halva
7 Differentialhjul, större
8 Lameller, yttertandade

Wer wollte, konnte sein Auto mit einem Sperr-Differential ausrüsten lassen.

Obwohl Buckelvolvofahrer des öfteren über hohe Ersatzteilpeise stöhnen, ist dies nur zum Teil gerechtfertigt: Zum einen, wenn man die Preise mit Oldtimern gleichen Alters und vor allem die Verfügbarkeit der Teile vergleicht und zum anderen gibt es mittlerweile auch in der Bundesrepublik genügend Händler, die sich auf die Ersatzteilversorgung für ältere Volvos spezialisiert haben. Aber auch Spezialisten haben Schwierigkeiten, knapp werdende Teile zu beschaffen. Als nicht mehr lieferbar müssen Rohbautüren und viele Chromteile (Stoßstangen) gelten. Dies kann aber als unproblematisch angesehen werden, da es Reparaturbleche für die Türen und gebrauchte, aufarbeitbare Chromteile gibt. Positiv fallen für reine Verschleißteile sowohl die langen Bauzeiten von Volvofahrzeugen als auch viele deutsche Zulieferfirmen ins Gewicht (Bosch, ZF, VDO und SWF seien als Beispiele genannt). Neben der Bundesrepublik waren englische und amerikanische Firmen die Hauptzulieferer nach Göteborg, was — speziell bei der Wartung und Restauration von Bedeutung — zu einer „unschönen" Mixtur von metrischen und Zollschrauben/Gewinden führte.

Im Alltagsbetrieb ist ein Buckel-Volvo ein unkompliziertes Fahrzeug, das auch im Winter — selbst bei grimmiger Kälte — problemlos anspringt und seinen Besitzer durch seinen sparsamen Umgang mit dem teuren verbleiten Super erfreut. Lediglich die Doppelvergaserversionen (S.U.) neigen, wenn der Zahn der Zeit seine Spuren hinterläßt, zu unmäßigem Konsum: Es wird dann Zeit, Drosselklappenwellen, Düsennadeln und -stöcke etc. zu erneuern. Schnellfahrer sollten zudem ein wachsames Auge für die Benzinuhr haben, denn der nur 36 Liter fassende Tank schränkt den Aktionsradius ein. Wer ein reines Alltagsauto sucht, sollte sich nach einem 544-Modell der Baujahre 1962 bis 1965 umsehen. Diese Fahrzeuge sind meist von der Karosserie her in besserem Zustand, da Volvo ab 1962 die serienmäßige Hohlraumkonservierung einführte.

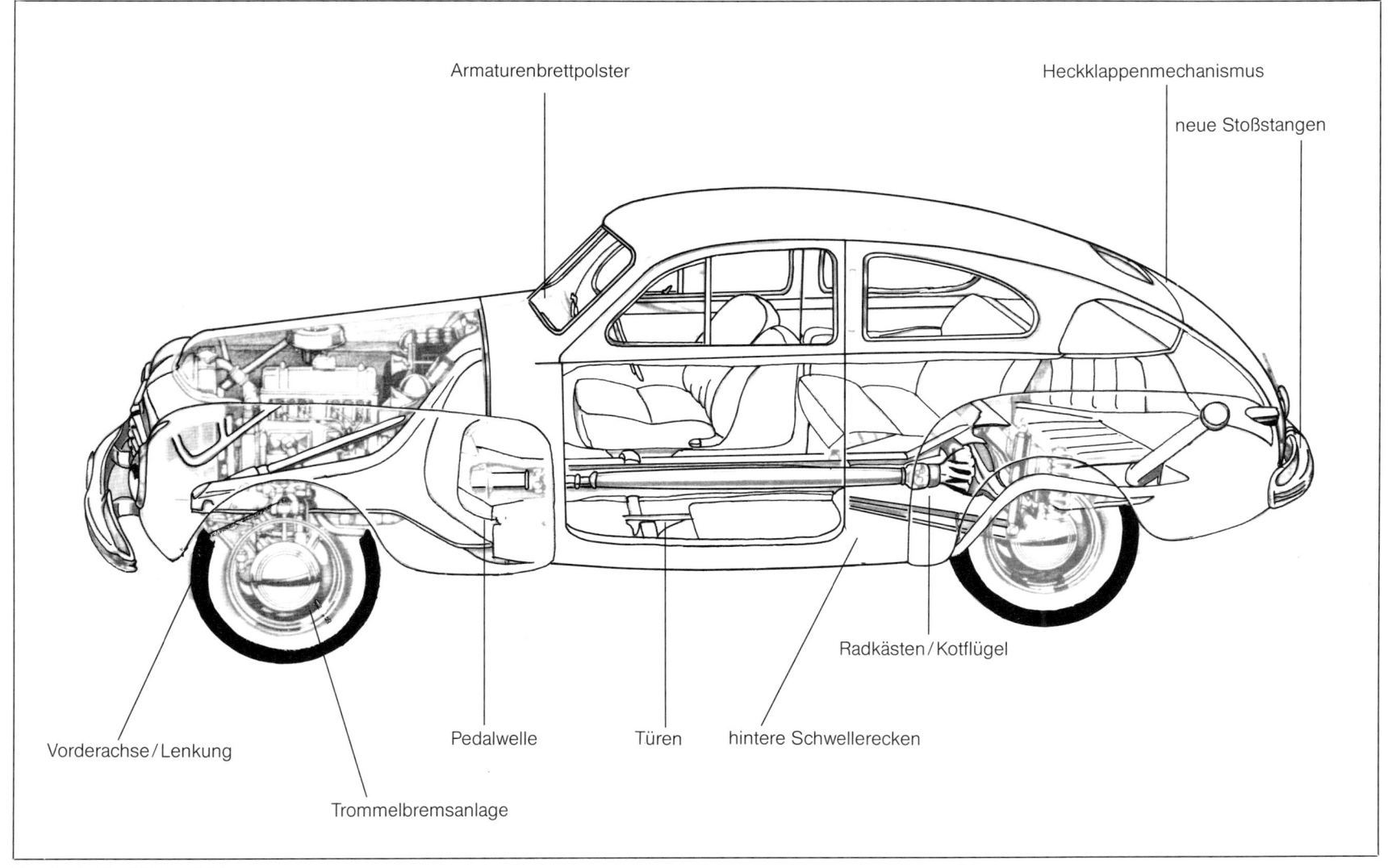

Der Buckel im Röntgenbild.

Der Buckel en miniature

Jedes Buckel-Modellauto hat mit seinem fahrtüchtigen Original eines gemeinsam: Sein Besitzer trennt sich nur ungern davon! Dabei spielt es keine Rolle, ob das Modell von kleinem oder großem Maßstab ist, denn gleichwertiger Ersatz ist heute kaum zu bekommen.

Und das, obwohl es sogar eine Firma gibt, deren aktuelles Lieferprogramm einen PV 444, Modell A von 1947, enthält! Somerville im englischen Billinghay nämlich fertigt dieses absolute Prachtstück (Aufdruck auf dem Karton: This is not a toy — dies ist kein Spielzeug!), das unter der Bestell-Nummer 121 in den Farben schwarz und maroonrot zu haben ist. Aber leider, leider gibt es ein Problem: Somerville ist ein winziges Unternehmen, dessen Arbeitskapazität enge Grenzen gesetzt sind. Da andererseits die Nachfrage nach jedem einzelnen der etwa 20 Somerville-Modelle enorm hoch ist, fertigt man zu einer bestimmten Zeit im Jahr immer nur ein bestimmtes Modell in einer bestimmten Anzahl. Jeder Händler bekommt also nur ein kleines Kontingent zugeteilt — wodurch sich regelrechte Lieferfristen entwickelt haben! Allerdings lohnt das Warten auf das bis ins kleinste Detail liebevoll und sorgfältig ausgeführte Modell. Tankstutzen, Radkappen mit Volvo-Schriftzug, sogar ein exakt nachgebildetes Armaturenbrett mit in der Mitte liegendem Tachometer zeichnen diesen im Maßstab 1:43 gehaltenen 444 aus. Entsprechend ist sein Preis: Zwischen DM 100,— und DM 200,— müssen dafür angelegt werden.

Womöglich noch mehr als für den Somerville-Volvo muß für ein anderes Buckel-Modell im gleichen Maßstab bezahlt werden. Die Rede ist natürlich vom legendären PV 544 der dänischen Firma Tekno, der unter der Nummer 822 von 1959 bis Ende der sechziger Jahre gebaut wurde. Dieses Modell nun war ein Kinderspielzeug — und wartet dafür mit beachtlicher Detailtreue auf; auch wenn nicht alle Proportionen hundertprozentig stimmen.

Die Firma, die 1972 ihre Produktion einstellte, betrieb übrigens „Modell-Pflege", d.h. sie nahm hin und wieder kleine Änderungen an ihren Produkten vor. Für den 544 bedeutete das, daß er seit Mitte der sechziger Jahre mit kompletter Innenausstattung geliefert wurde; früher sah man durch die verglasten Fenster den nackten Wagenboden. Dafür lag jeder Schachtel des in den Farben rot, schwarz und nebelgrün gelieferten Modells ein Satz Abziehbilder mit Rallye-Nummern und -Streifen bei! Man kannte eben auch dort die sportlichen Meriten des Buckel!

Kommen wir zum unerfreulichen Teil des Tekno-Buckels: sein Preis. Eben weil das Auto ein Spielzeug war, wurde es fast ausschließlich an Kinder verschenkt bzw. von ihnen gekauft (das gilt für alle anschließend vorgestellten Modelle. Der Somerville-444 ist die Ausnahme!). Entsprechend ruppig wurde mit den Autos umgegangen — und entsprechend selten sind sie heute geworden. Dazu waren alle Teknos — wie jedes Spritzguß-Modell — für die sogenannte „Zinkpest" anfällig. Bei dieser „Krankheit" gerät durch Materialermüdung der Guß-Aufbau mehr und mehr unter Spannung — um irgendwann mit lautem Knall zu platzen! Der verblüffte Sammler findet dann statt seines geliebten Modells einen Haufen Zink-Brösel vor.

Das alles schlägt sich natürlich im Preis nieder — und so ist ein wirklich gut erhaltenes Modell unter DM 250,— kaum zu bekommen. Wer übrigens hofft, auf einem dänischen Flohmarkt ein Schnäppchen landen zu können, wird eine Enttäuschung erleben; die Zeiten sind längst vorbei!

Dafür sind neue Zeiten angebrochen: die der Replikas nämlich!

Nicht nur Jaguar E, Bugatti und Mercedes 540 K werden nachgebaut, sondern auch Modelle — und meist zu günstigen Preisen angeboten.

Da viele renommierte Hersteller aus den einen oder anderen Gründen in letzter Zeit ihre Produktion einstellen mußten — wie etwa Tekno —, kamen die zur Herstellung der einzelnen Miniaturen notwendigen Formen auf den Markt; die fanden neue Besitzer — und knüpften dort an, wo viele Jahre früher der ursprüngliche Hersteller aufgehört hatte.

So wurde bis vor kurzem von der Firma Replicas ein PV 544 angeboten, der Jahre vorher vermutlich als Tekno-Modell seine Laufbahn begonnen hatte... Und heute zu einem Preis von rund DM 40,— eine günstige Alternative zu den mittlerweile sündhaft teuren Originalen (im Maßstab 1:43 natürlich!) geworden ist.

Wer selbst aktiv werden will, sollte sich an Autodrome im holländischen Putten wenden. Dort entstehen Metall-Bausätze sowohl des Buckel als auch des Duett, deren Zusammenbau sich ohne große Fertigkeiten bewerkstelligen läßt. Die einzige Hürde: Wie alle Bausätze müssen auch die Autodrome-Modelle lackiert werden — und das ist wesentlich komplizierter als die übrigen Arbeiten!

Gruppenbild mit Modell: Blauer Fernlenk-444 der japanischen Firma KS, nebelgrünes Tekno-Modell, schwarzer Sommerville-Buckel und, ganz klein, ein Schuco im Maßstab 1:90.

Duett-Besitzer werden die Mühe allerdings gerne in Kauf nehmen, denn unseres Wissens gab es sonst kein Modell des Buckel-Kombi in diesem Maßstab.

Ebenfalls im Maßstab 1:43 präsentierte sich das BDG-Modell, das einen Volvo PV 444 ES, 1953, darstellt. Dieses Modell wurde vom holländischen Klub V-44 in Auftrag gegeben und, in minimaler Stückzahl, mehr oder weniger in Handarbeit gefertigt.

Noch seltener ist das im selben Maßstab hergestellte Modell der Firma LENYKO in Göteborg. Relativ einfach ausgeführt, stellt es einen PV 444 dar, den man grob der LS-Baureihe von 1957 zuordnen kann. LENYKO — die Abkürzung stand für LEksaker, NYheter, KOrtvaror (Spielsachen, Neuheiten, Kurzwaren) — gehörte einem Spielzeug-Händler namens Gösta Norén, der später noch eine zweite Serie auflegte und diese in GENO umbenannte. Während der fünfziger Jahre gebaut, wurden alle Herstellungsanlagen bei einem Brand zerstört.

Geringfügig kleiner — etwa im Maßstab 1:50 — waren die Modelle des dänischen Herstellers Wilmer und des schwedischen Herstellers CERBO. Während das dänische Modell relativ sauber und detailgetreu gefertigt ist und ein 1957er LS-Modell zeigt, handelt es sich bei CERBO um ein Plastikauto einfachster Machart. Beide Modelle gehören ins absolute Raritäten-Kabinett — wie das vermutlich erste Buckel-Modellauto überhaupt. Bereits 1949 stellte die im südschwedischen Osby ansässige Firma Brio ein Holz-Modell her, das unter der Nummer S 335 geführt wurde und in den Farben rot, gelb (!) und schwarz lieferbar war. Eine zeitgenössische Werbeanzeige bezeichnete das 30 cm lange Auto als „sehr elegant"! Später gab es vom selben Hersteller geringfügig kleinere Blechautos, die mit originellen Details, wie langen Antennen oder Tür-Plaketten mit der Aufschrift „My Dentist loves me" (Mein Zahnarzt liebt mich), aufwarteten.

Die schönsten Blech-Buckels freilich kamen aus Japan. Hier baute ein KS genanntes Unternehmen 444- bzw.

Liebe zum Detail: der KS 444.

544-Modelle, die in verschiedenen Farben lackiert waren und sich durch stimmige Proportionen wie sehr gute Detail-Genauigkeit auszeichneten. Es gab sogar einen 444 HS mit Haubenschwalbe!

Als absolute Krönung führte dieses japanische Unternehmen Ende der fünfziger Jahre einen fernlenkbaren PV 444 im Programm, dessen Vorderräder mittels eines Drahtzuges bewegt wurden. Dieser Drahtzug führte zu einem handlichen Kasten (sozusagen der Kommandozentrale), wo er in einem kleinen Lenkrad mündete; dazu gab es je einen Knopf für Vorwärts- und Rückwärtsfahrt.

Bestechend an diesem wunderschönen Modell war die Sorgfalt, mit der auch kleine Details — wie etwa die zahlreichen Chromleisten oder das „V" im Kühlergrill — nachempfunden waren. Sogar der Farbton der Lackierung stimmte mit dem Original (annähernd) überein.

Wie lange KS Buckel-Modelle baute und in welcher Auflage, läßt sich heute nicht mehr feststellen; wahrscheinlich kann man von hohen Stückzahlen ausgehen. Fraglich bleibt auch, ob diese Autos jemals in Japan verkauft wurden — oder ob man sie nur in schwedischem Auftrag aus Kostengründen dort herstellen ließ.

Sicher ist nur, daß sich heute kaum noch eines auftreiben läßt!

Daneben gab es natürlich Buckels in ganz kleinem Maßstab. Der schwedische Fabrikant Larssons Maskin & Hobby in Skärholmen bot bis vor kurzer Zeit 1:87er Metall-Bausätze sowohl des Buckel als auch des Duett an. Die gut gelungenen Miniaturen in Wiking-Größe boten Verglasung, komplette Innenausstattung mit Armaturenbrett, Lenkrad und Fahrer und litten nur durch zu klein geratene Bereifung.

Da die verschiedenen Einzelteile mehr oder weniger umfangreiches Nacharbeiten verlangten, stellte der Zusammenbau den Ungeübten oftmals vor unlösbare Probleme — was sich in der enttäuschenden Qualität des Endprodukts verdeutlichte:

Exakt gleichgroß wie die Larsson-Bausätze präsentiert sich ein anderer Buckel-Kit, der einen PV 544 in beachtlicher Detailtreue darstellt: große Hecklleuchten, außen-

Gesucht und teuer: Tekno-Buckel.

liegende Frontblinker, Schriftzug auf der Frontmaske, sogar stilisiertes Hauben-Chrom – nichts fehlt!

Natürlich muß auch hier kräftig nachgearbeitet werden, zumal die Verglasung völlig fehlt; der Hersteller – offenbar ein „Feierabend-Produzent"! – empfiehlt die Verwendung von Tesa-Film!

Routinierte Bastler werden die Suche nach dem geeigneten Glas-Ersatz vielleicht sogar als willkommene Herausforderung verstehen, denn der kleine Plastikbausatz besteht aus nur wenigen Einzelteilen: Karosserie, Bodengruppe mit kompletter Inneneinrichtung, Rädern und Achsen. Keine Beschäftigung für lange Winterabende also!

Zumindest auf dem Papier noch kleiner – nämlich im Maßstab 1:90 – stellte Schuco in seiner Piccolo-Serie einen gut gelungenen PV 544 her. Das in einem Stück gegossene kleine Modell mit der Nummer 718 erfreute sich offenbar nur geringer Beliebtheit. Während auf Spielzeug-Messen und Flohmärkten andere Stücke aus der Piccolo-Serie zu finden sind, macht sich der Buckel rar. Allen, die einen haben, ist's vermutlich recht!

links (roter Buckel): Sehr einfache Ausführung, aber immehin mit Haubenschwalbe: Modell etwa im Maßstab 1:43 eines unbekannten Herstellers.

Mitte: Vom schlichten Plastik-Werbemodell bis zum ausgefeilten Sammlerstück: Miniatur-Buckels gibt es in allen Variationen...

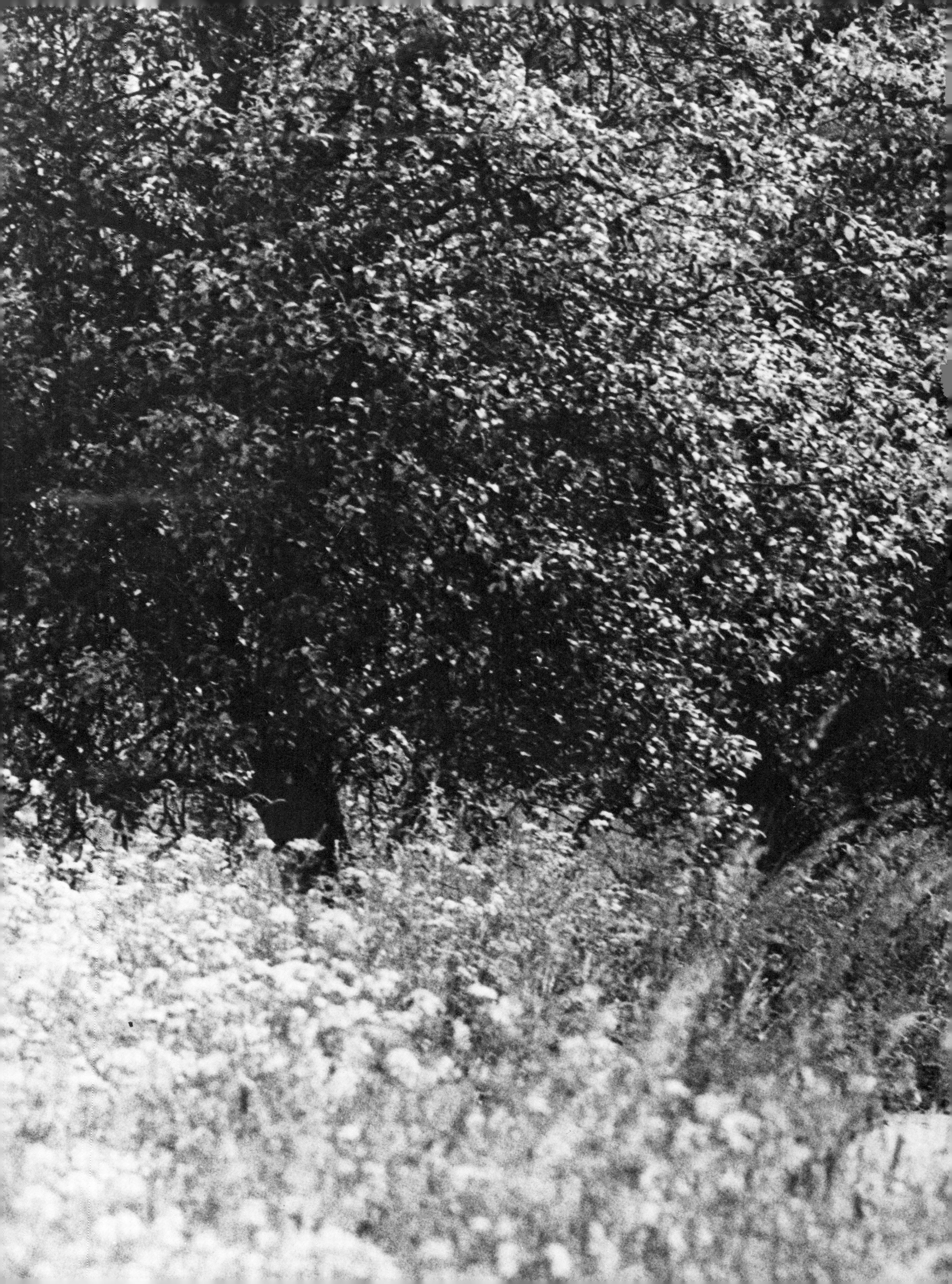

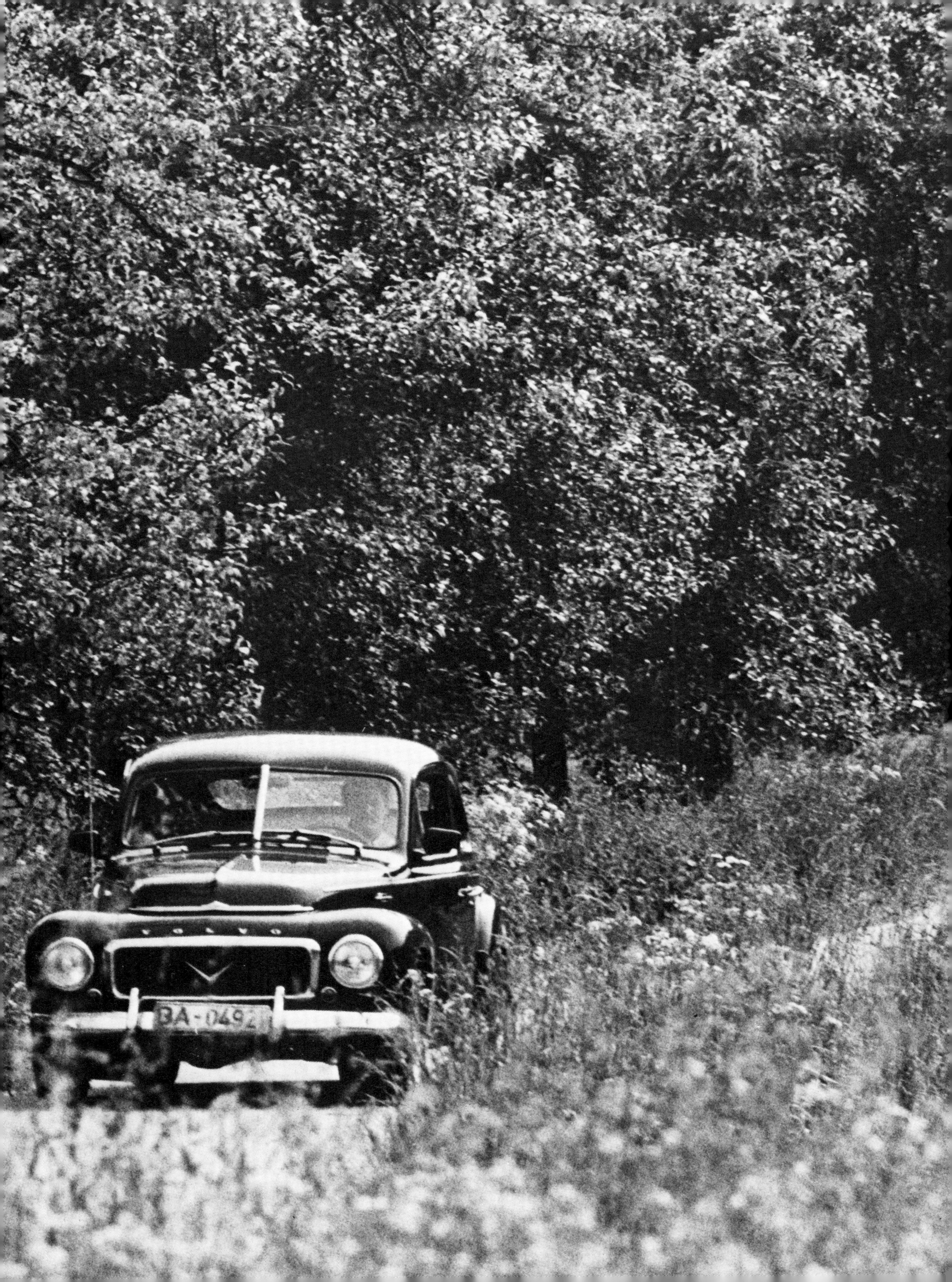

PV 444/544/445 Motorenübersicht

Bezeichnung	**B 4 B**	**B 4 B**	**B 4 B**	**B 14 A**	**B 16**
Hubraum (in ccm)	1414	1414	1414	1414	1580
Bohrung × Hub (in mm)	75 × 80	75 × 80	75 × 80	75 × 80	79,37 × 80
Ausführung	I	II	III	III	A
Leistung (SAE-PS bei U/min)	40/3800	44/4000	51/4500	70/6000	66/4500
Verdichtung	6,5 : 1	6,5 : 1	7,3 : 1	7,8 : 1	7,5 : 1
Drehmoment (kgm bei U/min)	9,5/2200	9,5/2200	10,0/2500	10,5/3000	11,3/2500
Vergaser	Carter W-06185-S	Carter W-06185-SA Zenith 30 VIG 9	Zenith 30 VIG 9/ C 1412 B	2 × SU HS 2	Zenith 34 VN
Eingebaut in Fahrzeug	PV 444 A bis Fgst.-Nr. 12 129	PV 444 A (ab Fgst-Nr. 12 130) bis H	PV 444 K	PV 444 H, K (Sondermod. f. amerik. Markt: California), P 1900	PV 444 L PV 544 A, B
Motorcode	495300	495301	495302	495320, 495323	495382
Bezeichnung	**B 16**	**B 16**	**B 18**	**B 18**	**B 18**
Hubraum (in ccm)	1580	1580	1780	1780	1780
Bohrung × Hub (in mm)	79,37 × 80	79,37 × 80	84,14 × 80	84,14 × 80	84,14 × 80
Ausführung	B	D	A	D Ausf. 1	D Ausf. 2
Leistung (SAE-PS bei U/min)	85/5500	72/5500	75/4500	90/5500	95/5600
Verdichtung	8,2 : 1	8,2 : 1	8,5 : 1	8,5 : 1	8,7 : 1
Drehmoment (kgm bei U/min)	11,5/3500	11,9/2600	13,5/2600	14,5/3500	14,8/3800
Vergaser	2 × SU HS 4	Zenith 34 VN	Zenith 36 VN	2 × SU HS 6	2 × SU HS 6
Eingebaut in Fahrzeug	PV 444 L und PV 544 Sport A+B	PV 444 L/544 A+B (nur USA)	PV 544 C-G	PV 544 Sport C-F	PV 544 Sport G-Modell
Motorcode	495385	495388	4968/4969 01/03/04/09/14/46/47/48/58	4968/4969 02/15/16/18	4968/4969 20/21/22

Alte Volvos rollen ewig – dieser betagte Buckel macht da keine Ausnahme.

Alle Modelle auf einen Blick

Typ	Baujahr	Anzahl	Karosserie	Sitzplätze	Zyl.zahl	Hubraum	Leistung (SAE)	Radstand
PV 444 A	1944–50	12 504	Zweitürer	4	4	1414 ccm	40–44 PS	2,6 m
PV 444 B	1950–51	7 500	Zweitürer	4	4	1414 ccm	44 PS	2,6 m
PV 444 C	1951–52	8 000	Zweitürer	4	4	1414 ccm	44 PS	2,6 m
PV 444 D	1952–53	9 000	Zweitürer	4	4	1414 ccm	44 PS	2,6 m
PV 444 E	1953–54	31 950	Zweitürer	4	4	1414 ccm	44 PS	2,6 m
PV 444 H	1954–55	29 046	Zweitürer	4	4	1414 ccm	44 PS	2,6 m
PV 444 K	1955–57	33 918	Zweitürer	4	4	1414 ccm	51–70 PS	2,6 m
PV 444 L	1957–58	64 087	Zweitürer	4	4	1583 ccm	60–70 PS	2,6 m
PV 544 A	1958–60	99 495	Zweitürer	5	4	1583 ccm	60–76 PS	2,6 m
PV 544 B	1960–61	34 600	Zweitürer	5	4	1583 ccm	60–76 PS	2,6 m
PV 544 C	1961–62	37 900	Zweitürer	5	4	1778 ccm	75–90 PS	2,6 m
PV 544 D	1962–63	27 100	Zweitürer	5	4	1778 ccm	75–90 PS	2,6 m
PV 544 E	1963–64	24 200	Zweitürer	5	4	1778 ccm	75–90 PS	2,6 m
PV 544 F	1964–65	17 300	Zweitürer	5	4	1778 ccm	75–90 PS	2,6 m
PV 544 G	1965	3 400	Zweitürer	5	4	1778 ccm	75–95 PS	2,6 m
PV 445 A	1953–54	500	Fahrgestell		4	1414 ccm	44 PS	2,6 m
PV 445 B	1954–56	1 099	Fahrgestell		4	1414 ccm	44 PS	2,6 m
PV 445 D	1956–58	1 926	Fahrgestell		4	1414 ccm	44 PS	2,6 m
PV 445 G	1958–60	57	Fahrgestell		4	1414 ccm	44–51 PS	2,6 m
PV 445 L	1958–60	54	Fahrgestell		4	1583 ccm	60 PS	2,6 m
PV 445 11	1958–60	169	Fahrgestell		4	1583 ccm	60 PS	2,6 m
PV 445 11 M	1958–60	225	Fahrgestell		4	1583 ccm	60 PS	2,6 m
PV 445 DH	1953–56	6 389	LKW		4	1414 ccm	44 PS	2,6 m
PV 445 GL	1956–57	1 766	LKW		4	1414 ccm	44 PS	2,6 m
PV 445 LL	1957	821	LKW		4	1583 ccm	60 PS	2,6 m
PV 445 06	1957–58	3 380	LKW		4	1583 ccm	60 PS	2,6 m
PV 445 06 M	1958–60	38	LKW		4	1583 ccm	60 PS	2,6 m
PV 445 PH	1955–56	1 183	LKW	2–5	4	1414 ccm	44 PS	2,6 m
PV 445 GP	1956–57	1 813	LKW	2–5	4	1414 ccm	44 PS	2,6 m
PV 445 LP	1957	946	LKW	2–5	4	1583 ccm	60 PS	2,6 m
PV 445 07	1957–58	5 130	LKW	2–5	4	1583 ccm	60 PS	2,6 m
PV 445 07 M	1958–60	54	LKW	2–5	4	1583 ccm	60 PS	2,6 m
PV 445 DS	1953–56	1 333	Lieferwagen	2–5	4	1414 ccm	44 PS	2,6 m
PV 445 GS	1956–57	736	Lieferwagen	2–5	4	1414 ccm	44–70 PS	2,6 m
PV 445 LS	1957	527	Lieferwagen	2–5	4	1583 ccm	60 PS	2,6 m
PV 445 05	1957–58	1 840	Lieferwagen	2–5	4	1583 ccm	60 PS	2,6 m
PV 445 05 M	1958–60	23	Lieferwagen	2–5	4	1583 ccm	60 PS	2,6 m
P 210 A	1960–61	11 744	Kombi	2–5	4	1583 ccm	60 PS	2,6 m
P 210 B	1961–62	8 299	Kombi	2–5	4	1583 ccm	60 PS	2,6 m
P 210 C	1962–63	6 174	Kombi	2–5	4	1778 ccm	75 PS	2,6 m
P 210 D	1963–64	7 674	Kombi	2–5	4	1778 ccm	75 PS	2,6 m
P 210 E	1964–65	7 899	Kombi	2–5	4	1778 ccm	75 PS	2,6 m
P 210 F	1965–66	7 149	Kombi	2–5	4	1778 ccm	75 PS	2,6 m
P 210 M	1966–67	7 600	Kombi	2–5	4	1778 ccm	75 PS	2,6 m
P 210 P	1967–69	4 420	Kombi	2–5	4	1778 ccm	75 PS	2,6 m
P 1900	1956–57	67	Cabriolet	2	4	1414 ccm	70 PS	2,4 m

* Die Grenze zwischen den Modellen 444 H und 444 K ist fließend und wird einmal mit der Fahrgestellnummer ca. 98 000 und das andere Mal mit zwischen 98 000 und 100 000 angegeben. Der Grund dafür ist, daß viele Fahrzeuge, die ursprünglich als H-Modell gebaut wurden, nachträglich zum K-Modell umgebaut wurden. Sie wurden mit neuem Kühlergrill und Typenschild versehen, um so den Verkauf nach einer vorübergehenden Stagnation wieder anzukurbeln.

Stückzahlen
Volvo PV 444/544 1944–1965

Volvos PV 444/544-Serie wurde in 440 000 Exemplaren gebaut, die eine fortlaufende Fahrgestellnummerserie hat. Der erste PV wurde im September 1944 der Öffentlichkeit vorgestellt, und der letzte lief am 20. Oktober 1965 vom Band. Die verschiedenen Modelle sind mit Serienbuchstaben gekennzeichnet. Eine Ausnahme macht dabei die erste Serie, die im nachhinein als A-Modell bezeichnet wurde und die ursprünglich Volvo PV 444 1947 mit der Sonderausführung PV 444 S 1950 hieß. Die Anzahl hergestellter Fahrzeuge jeder Serie geht aus folgender Tabelle hervor:

Stückzahlen

PV 444

A/AS	1944–1950	Nr.	1– 12 504
B/BS	1950–1951	Nr.	12 505– 20 004
C/CS	1951–1952	Nr.	20 005– 28 004
D/DS	1952–1953	Nr.	28 005– 37 004
E/ES	1953–1954	Nr.	37 005– 68 995
H/HS	1954–1955	Nr.	68 956– 98 000*
K/KS	1955–1957	Nr.	*98 000–131 917
L/LS	1957–1958	Nr.	131 918–196 004

PV 544

A	Favorit, Special I und II, Sport	1958–1960	Nr. 196 005–295 499
B	Favorit, Special I und II, Sport	1960–1961	Nr. 295 500–330 099
C	Favorit, Special und Sport	1961–1962	Nr. 330 100–367 999
D	Favorit, Special und Sport	1962–1963	Nr. 368 000–395 099
E	Favorit, Special und Sport	1963–1964	Nr. 395 100–419 299
F	Favorit, Special und Sport	1964–1965	Nr. 419 300–436 599
G	Favorit, Special und Sport	1965	Nr. 436 600–440 000

(orange): Top-Chop: Buckel mit gestutztem Dach.

Schluß und Ausblick

Als 1969 der letzte Duett das Band verließ — nachdem bereits vier Jahre früher die Produktion der Buckel-Limousine eingestellt worden war —, ging eine Epoche zu Ende. Und die Fans des rundlichen Schweden-Mobils trugen Trauer: Mag der Buckel zu diesem Zeitpunkt nicht mehr in allen Punkten auf dem aktuellen Stand der Technik gewesen sein — hinsichtlich seiner Zuverlässigkeit war er nach wie vor allererste Wahl.

Sein Nachfolger würde es also schwer haben. Zum Glück entpuppte sich der Amazon (der ja einige Jahre parallel zum Buckel gebaut wurde) als ebenso vorzügliches Auto, das alle Buckel-Tugenden — Langlebigkeit, Zuverlässigkeit, sehr gute Fahrleistungen und -eigenschaften — mit moderner Form und besserem Raumangebot verband.

Auf dieser Linie machte Volvo weiter, ließ die 140er und 240er Serie folgen, brachte sogar einen Sportwagen, der mittlerweile auch schon ein Klassiker ist, und bietet heute ein ausgewogenes Programm an Vier- und Sechszylinder-Fahrzeugen. Mit dem 480 ES hat man sogar ein Auto in der Angebots-Palette, das von seinem Charakter her an den heißbegehrten „Schneewittchensarg", den 1800 ES, anknüpft.

Und natürlich gehören Volvos auch bei uns zum festen Bestandteil des Straßenbilds — bei uns wie in allen anderen Ländern auch.

Ob dieser Erfolg allerdings ohne den guten alten Buckel möglich gewesen wäre, ist fraglich. Wie formulierte der amerikanische Motorjournalist Karl Ludvigsen so richtig: „Der Buckel war Volvos Paß zur Welt".

Dem ist nichts hinzuzufügen.

Dank

Ein Buch ist immer Teamwork, auch wenn es nur von einem oder mehreren Autoren geschrieben wird. So gilt unser Dank all denen, die für Satz, Produktion und Vertrieb gesorgt und mit ihrer Arbeit zum Gelingen beigetragen haben — und möchten stellvertretend für alle unseren Verleger, Franz-Christoph Heel, sowie Georg Grützner nennen, der als „Art Director" für das Layout zuständig war.

Daß es überhaupt was zum „Layouten" gab, ist maßgebliches Verdienst von Catarina Grönvall aus dem Volvo-Archiv in Göteborg, die uns nicht nur tagelang in ihren Bildbeständen stöbern ließ, sondern auch danach für unsere vielen Foto-Wünsche stets ein offenes Ohr hatte.

Ebenfalls mit Material und Informationen versorgte uns Uwe Gabler, Pressesprecher von Volvo Deutschland, und seine Mitarbeiter und Mitarbeiterinnen. Außer Herrn Gabler möchten wir besonders Frau Süß und Frau Werwatz danken — und natürlich Herrn Laxy, dem Sprecher der Geschäftsführung von Volvo Deutschland.

Leider nicht namentlich nennen können wir alle Fahrzeugbesitzer, die ihre vierrädrigen „Schätze" für Fotos zur Verfügung stellten und teilweise selbst Bilder lieferten. Auch hier möchten wir stellvertretend Conny Björkman in Schweden und Michael Wagner in Reinbek nennen, ferner Hans Meyer, Bo Källqvist, Stefan und Christian Grass, Hans Peter Kersten, Michael Kaiser, Johannes Hübner und Uwe Schaper.

Wir hoffen, daß allen Freunden das vorliegende Buch gefällt, und bitten die, die zu erwähnen wir hier vergessen haben, um Entschuldigung!